Giovanni La Cognata

Giovanni La Cognata

CHARTA

Progetto grafico / Design
Gabriele Nason

Coordinamento redazionale /
Editorial Coordination
Emanuela Belloni

Redazione / Editing
Elena Carotti
Paul Quiñones

Impaginazione / Layout
Barbara Bonacina

Traduzione / Translation
Judith Mundell

Ufficio Stampa / Press Office
Silvia Palombi Arte&Mostre, Milano

Copertina / Cover
Case di Palermo, *2001*

Retro di copertina / Back Cover
Comiso, *2001*

Crediti Fotografici / Photo Credits
Antonio Guerra, Bologna

Ci scusiamo se per cause indipendenti dalla nostra volontà abbiamo omesso alcune referenze fotografiche.

We apologize if, due to reasons wholly beyond our control, some of the photo sources have not been listed.

Edizioni Charta
via della Moscova, 27
20121 Milano
Tel. +39-026598098/026598200
Fax +39-026598577
e-mail: edcharta@tin.it
www.chartaartbooks.it

Printed in Italy

**Giovanni La Cognata
Sicilia**

Galleria Forni, Milano
4 ottobre-11 novembre 2001
4 October-11 November 2001

Sommario/Contents

Da qui il mare non si vede

Marco Di Capua

Uno può anche andarsene dal proprio paese. Starne lontano perfino una decina d'anni, come ha fatto Giovanni La Cognata. Ma quando torna deve ritrovare tutto com'era. È lì il bello. Ritrovare. Altrimenti che torni a fare… Odisseo, massima incarnazione di ogni epopea del ritorno, doppiò il tempo dell'assenza di Giovanni. Stette lontano dalla sua isola vent'anni. Ma quando, dissimulato, riapparve, Itaca era sempre la stessa. Il vecchio ulivo era ancora lì. Come il grande carrubo di La Cognata aveva resistito a tutto, si mostrava come il sicuro indizio di uno spirito di fedeltà, di mansueto attaccamento alla terra, di persistenza mite, silenziosa, indistruttibile. Memoria inconsapevole forse, ma ignara di cadute.

Davanti a quell'ulivo e a questo carrubo, alla loro forma bizzarra, bitorzoluta, non c'è avvenimento che per quanto prima ci sembrasse importante (che so, non un missile voluto là nei paraggi da qualche essere immondo) ora improvvisamente non ceda, non perda di significato, lasciando che solo un alcunché di essenziale, di indispensabile alla vita si ritragga in salvo, tra queste radici.

Tuttavia non di Omero adesso dobbiamo parlare. Ma ancora un po' di Gesualdo Bufalino. Il quale era della stessa città, se così si può dire, di Giovanni. Agli occhi di quel grande scrittore Comiso, in un formidabile capitolo della *Luce e il lutto*, si mostrava come una Città Teatro: "Come in qualunque paese, si può arrivare a Comiso dai quattro punti dell'orizzonte. Ma per noi che qui siamo nati, e qui viviamo, è come se Nord e Sud, Est e Ovest non esistessero: il centro della nostra piazza è il cuore spalancato della rosa dei venti, l'ombelico e il polo solitario dell'universo". E poi: "La sua planimetria urbana, così mossa e pittoresca nel suo intreccio di saliscendi e gradoni, appare come uno scenario già disposto, offerto alle sorprese e alle peripezie dello spettacolo". Slarghi, sagrati, viuzze e piazze sono le quinte ideali di una trasformazione, quella di ogni persona in personaggio. Solo che nella Comiso di La Cognata non vedi nessuno. Le persone compaiono talvolta, ma lontane dalle case, nei campi, simili a divinità minori, a emanazioni della terra profonda, o dell'acqua, esseri fatti della stessa sostanza che li ha generati, con ancora un che di minerale, di pietroso addosso, voglio dire. Altrimenti, i viventi li puoi vedere dentro stanze scure, ma lì i corpi sono soprattutto *alcuni* gesti: fumare, mangiare ecc. È la documentazione di una stirpe, questa, una minima epica domestica il cui tono di fondo è corale. Grande intenditore di se stesso, dunque di nulla, qui giustamente l'individuo è ridimensionato.

Allora, queste strade sono sempre deserte. Comiso oppure Modica sembrano come viste di passaggio, in corsa. Ti immagini questo: stai in macchina, ed è l'alba, o è già sera tardi, insomma in giro non c'è anima viva, e tu passi piuttosto velocemente perché stai facendo un viaggio, stai andando da qualche altra parte. E così ti colpisce uno scorcio, un palazzo lo noti più degli altri, storie e persone, gente che magari dorme è lì, invisibile, reclusa oltre quelle mura, e nulla sa di te, e questo pensiero ti immalinconisce benché, te ne rendi perfettamente conto, faccia stranamente pura la scena: tutto il fluire dell'esistenza è come sospeso, rinviato, reso solo potenziale. Dunque la sera, se non proprio la notte, o anche le primissime luci del giorno, o magari la controra, tutte queste sequenze di ore vuote intendo, diventano il mezzo d'espressione di un sentimento d'attesa. Simultaneamente irrequieto e stanziale, immerso in questa sua doppia apologia del distacco e della nostalgia, La Cognata continua sempre, di nuovo a guardare la propria città con l'occhio di chi sta partendo, o è appena arrivato e aspetta un poco, da solo, prima di chiamare qualcuno. Prima di farsi riconoscere. Si potrebbe anche dire che così sono le città e le strade quando nessuno le vede, quando *non sanno di essere viste*.

La visione di Giovanni (usiamo pure questa espressione un po' mistica a proposito di un pittore fanaticamente realista ma come posseduto da certe sue solitarie illuminazioni) è ogni volta soggiogata da prospettive, traiettorie, scorci, curve, tagli per sghim-

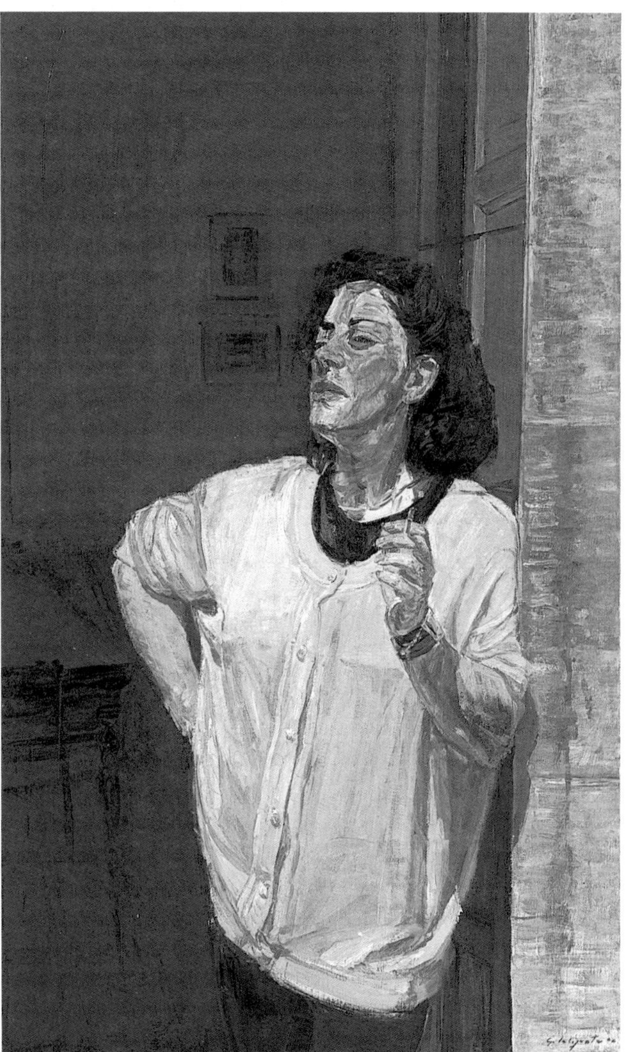

bescio, ritmi architettonici, oscure logiche della terra. Da questo punto di vista i binari di una stazione valgono il muretto di sassi che, acquattato, prolunga a dismisura un campo: inani vie della fuga, cicatrici del mondo o ricorrenti tic formali che siano, stanno a riprova del fatto che il realismo spesso si mostra come una forzatura della realtà, una sua intensificazione, il suo *ingrandimento*.

Solenni spigoli di edifici, piazzati al centro del quadro, ti si gettano addosso e biforcano lo sguardo. Costruzioni comuni diventano maestosi palazzi, incombenti, visti dal basso. Singolarmente all'erta, trepidanti come grossi animali insonni. Più grandiosi a Comiso e a Palermo di quanto agli occhi di certi viandanti del Nord, arrivati nel 1800, parvero quelli di Roma o di Napoli. Simile a una stravagante Patagonia scoperta a cento metri da casa, "più si osserva attentamente, ostinatamente una realtà, più si capisce che essa non risponde all'idea che la gente si fa di lei", direbbe Milan Kundera.

A proposito di ciò, e a parziale controcanto del decadimento che ha colpito la nostra percezione dell'Esterno, il senso dello Spazio e del Luogo e del Modo di rappresentarli, bisogna ricordare come abbiamo appreso da Edward l'epifania delle cose comuni, cioè quanto sorprendente possa essere anche un muro qualsiasi: "Io sono un realista e reagisco ai fenomeni naturali. Da bambino sentivo che la luce della parte alta di una casa era diversa da quella della parte bassa. C'è una sorta di gioia che riguarda la luce sulla parte alta di una casa".

Se c'è un che di ricorrente e insieme di brutale nelle rappresentazioni di La Cognata, questa è la traccia di un'inevitabile ossessione, l'orma di una necessità. Perché "il soggetto – scriveva André Malraux – è ciò che dà al pittore il più violento desiderio di dipingere". Anche al pittore realista, il più aperto alla varietà delle cose del mondo e benché per lui nulla sia indegno di uno sguardo: si dice che Gustave Courbet

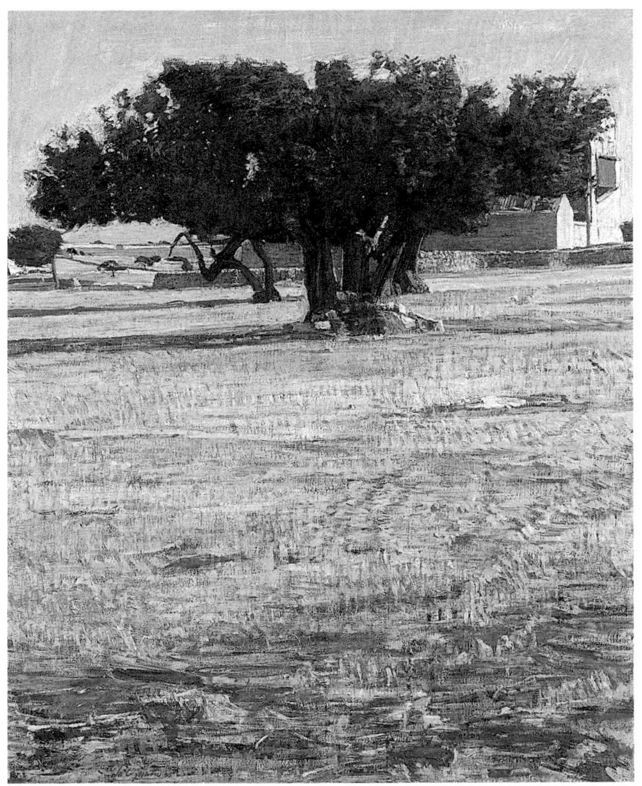

dipingesse perfino oggetti che non aveva riconosciuto, di cui non sapeva nemmeno il nome. A Giovanni d'altronde, che da quel ceppo discende, non è estraneo un certo spirito di conquista. Altro che imitazione. I suoi dipinti possiedono la forza dei fatti compiuti, capaci di espropriarci di qualsiasi commento, di spegnerne il riverbero. Egli sembra costantemente motivato da quella stessa raccomandazione che, di Carlyle, citava Van Gogh: "Il risultato di un'idea non deve essere un sentimento ma un'azione".

Giusto. E allora io apro altri libri. Anzi *il* libro, così dal *Gattopardo* sfilo un paio di quelle immagini che abbiamo già visto: "La strada adesso era in leggera discesa e si vedeva Palermo vicinissima completamente al buio. Le sue case basse e serrate erano oppresse dalle smisurate moli dei conventi". Oppure: "Il sole (…) si rivelava come l'autentico sovrano della Sicilia: il sole violento e sfacciato, il sole narcotizzante anche, che annullava le volontà singole e manteneva ogni cosa in una immobilità servile, cullata in sogni violenti, in violenze che partecipavano all'arbitrarietà dei sogni".

La Sicilia di La Cognata è quella da cui non si vede il mare. Per Guido Piovene, questa parte dell'isola dominata dagli Iblei e traversata dai soffi ionici, sempre tentata dal deserto, da un che di delirante e

proprio di orientale, assomigliava alla Terra Santa. Il vulcano e i terremoti, sosteneva, qui si sono incaricati di disperdere qualsiasi testimonianza di stile anteriore al Barocco. Il quale, d'altra parte, coincide non con una fase del gusto ma con la stessa sostanza dell'indole e della cultura siciliane. Suppongo che La Cognata sappia bene di cosa parlo. Quale scena, anche sua, stiamo descrivendo. C'è qualcosa di estremo nei suoi dipinti, come emesso dalla segreta solidarietà di due opposti apparenti: il massimo della naturalezza e del mondo com'è, unito all'acme di non so quale artificio.

(Sono già stato un sacco di volte qui. Voglio dire al centro di questi campi, appena fuori da piccole città sonnacchiose. Non solo per le tante, lunghe estati trascorse in Sicilia. Ma perché una parte della mia mente fu occupata anni fa e poi per sempre dall'Andalusia di Garcia Lorca, da tutti quei silenzi d'oro, e d'argento. Da certe sue cerulee notti. Un agosto, sotto un caldo terrificante, si andò a Granada per cercare il *punto esatto* dove il Grande Federico era stato fucilato. Si finì in campagna, in mezzo a stoppie bruciate, e sotto un cielo basso, d'un pervinca quasi cupo. Scherzi e disguidi della mente, della nostra vita fantastica, ma ne sono certo, io *in quadri così* ci sono già stato.)

E anche se da qui non si vede, Giovanni guarda le sue campagne, la terra, come Conrad guardava il mare. Come una cosa vivente, mutevole, eppure immortale. Con la sua potenza senza chiasso. Una terra atavica in grado di sostenere cieli pesanti, luci colossali. Il *rilievo* delle cose essenziali.

You can't see the sea from here

Marco Di Capua

You can always leave your own birthplace, and stay away for ten years even, as Giovanni La Cognata did. But the beauty of it is that when you get back, you inevitably find that nothing has changed. Rediscovery. Otherwise, why go back? Odysseus, supreme personification of every homecoming epic, was absent for twice the amount of time that Giovanni was. He stayed away from his island for twenty years. But when it reappeared in disguise, Ithaca was still the same; the old olive tree was still there. Like La Cognata's great carob tree, it had stood up to everything, proving to signify the safe spirit of loyalty; a meek attachment to the earth, a gentle, silent, indestructible tenacity. An unconscious memory, perhaps, but one knowing nothing of decline.

Faced with that olive and that carob and their bizarre, knotty shapes, there is no event which, though it may have seemed important at first (let me think, a missile desired in those environs by some repellent force) now suddenly surrenders, loses significance, and leaves only something essential and indispensable to life to withdraw into safety among these roots.

However it is not of Homer that we must now speak, but a little of Gesualdo Bufalino, who came from the same city, so to speak, as Giovanni. In the eyes of that great writer Comiso, in an extraordinary chapter of *Luce e lutto*, the city appears theatrical: "Like any town, Comiso can be reached from the four points of the compass. But for those of us who were born here, it is as though North, South, East, and West do not exist: the centre of our square is the wide open heart of the compass rose, the navel and the only pole of the universe." And later: "Its urban plan, so varied and picturesque with its crisscross of ups and downs and terraces, seems to be a ready-made stage set, offered to the surprises and vicissitudes of the show." Widening roads, church squares, narrow lanes and piazzas, are the ideal backdrop for the metamorphosis of each person into a character of the play. Only, in La Cognata's Comiso, you don't see anyone. People sometimes appear, but far away from the houses, in the fields, like minor deities, or subterranean creatures made from the same mineral or stone substances that begot them. Otherwise, you can see the living inside dark rooms, where the bodies are, above all, a collection of gestures: smoking, eating etc.

This is the record of a lineage; a small domestic epic whose fundamental note is choral. Great connoisseur of himself, and therefore of nothing, here the individual is rightly cut down to size.

And so these streets are always deserted. Comiso or Modica appear to be seen in passing, on the move. Imagine this: you are in the car, it is dawn, or it is already late evening—anyway there is not a living soul around, and you drive through the streets quite fast because you are on a journey, you are going somewhere else. And so you are struck by a view: you notice one building more than the others, storeys and people, perhaps sleeping people, invisible, imprisoned behind that wall, and nothing knows anything of you. This thought saddens you, although you are perfectly aware that it makes the scene strangely pure: the whole flow of existence is, as it were, suspended, deferred, made mere potential. Therefore the evening, if not quite the night, or even the very first light of day, or perhaps the hour

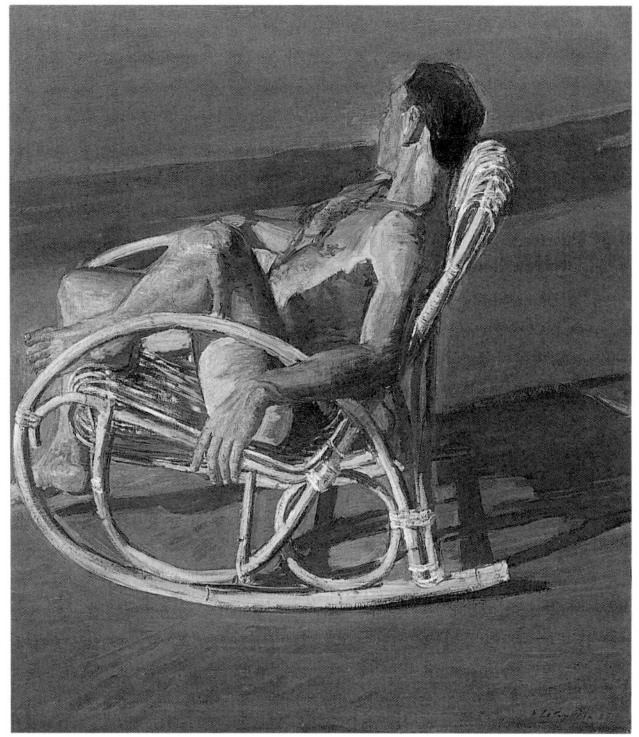

of siesta, all these sequences of empty hours I mean, become the means of expressing expectation. Simultaneously restless and permanent, immersed in his uniquely dual apology for detachment and nostalgia, La Cognata continues again and again to look upon his city of birth with the eye of someone who is leaving, or who has just arrived and who waits for a while alone before calling on anybody; before identifying himself. One might say that this is what cities and streets are like when nobody is observing them, when they *don't know they are being observed*.

Giovanni's vision (let's go ahead and use this somewhat mystical expression about a painter who is a fanatical realist, but at the same time seemingly possessed by certain solitary illuminations) is each time enslaved by perspectives, trajectories, views, curves, slanting cuts, architectonic rhythms, the obscure logic of the earth. From this point of view, the station platforms are just the same as the small stone wall which, crouching, immoderately lengthens a field: be they vain escape routes, scars on the world, or recurring formal tics, they stand witness to the fact that realism often proves to be a straining of reality, an intensification or *enlargement* of it.

Solemn architectural contours, placed in the centre of the painting, throw themselves towards you and bifurcate the eye. Ordinary constructions turn into majestic, overhanging palaces seen from below; oddly on the look-out and anxious like large wakeful beasts. Those of Comiso and Palermo are more grandiose than those of Rome or Naples, which appeared to certain wayfarers from the North who arrived in the 19th century, like a bizarre Patagonia discovered one hundred metres from home. "The closer and more stubbornly you look at something, the more you understand that it cannot correspond to the idea people have of it", as Milan Kundera would say.

Regarding this and as a partial counter-melody to the decay that has begun to erode our perception of the External, the sense of Space and Place and the way of representing them, we must remember what we learnt from Edward Hopper: the epiphany of ordinary things. That is, how surprising any old wall can be: "I am a realist and react to natural phenomena. As a child I felt that the light from the upper storeys of a house differed from that which came from the lower part. There is a kind of joy regarding the light of the upper storeys of a house".

If there is anything recurrent and at the same time brutal in La Cognata's representation, this is the trace of an inevitable obsession, the imprint of a necessity. Because "the subject"—wrote André Malraux—"is what gives the painter the violent desire to paint". And this is also true of the realist painter who is the most susceptible to the variety of things in the world, even though for him nothing is unworthy of observation (it is said that Gustave Courbet painted even objects he didn't recognise, whose name he didn't even know.) To Giovanni, on the other hand, who descends from that stock, a certain conquering spirit is not foreign, and not imitated at all. His paintings have the force of a fait accompli, able to rob us of any comment, and to switch off the glare. He seems constantly motivated by that same recommendation of Carlyle which Van Gogh repeated. "The result of an idea shouldn't be a sentiment but an action".

Correct. And so I open other books. Actually *the book*, thus from *Il Gattopardo* I extract a couple of those images which we have already seen somewhere: "The street now went gently downhill and you could see Palermo very near and in complete darkness. Its low and shut-up houses were oppressed by the immeasurable jetties of the convents.". Or: "The sun (…) proved to be the authentic sovereign of Sicily: the violent and brazen sun, the sun which also drugged and quashed the individual will and kept everything in servile immobility, cradled in violent dreams, in acts of violence which played a part in the randomness of dreams".

La Cognata's Sicily is the one you cannot see the sea from. For Guido Piovene, this part of the island, dominated by honeyed flowers, and traversed by Ionic gusts, continually tempted by the desert, by something wild and oriental, resembled the Holy land. The volcano and the earthquake, he said, were given the task of destroying any sign of style prior to the Baroque. Which, on the other hand, coincides not with a phase of taste but with the very substance of the Sicilian character and nature. I suppose La Cognata is aware of what I am speaking about and what scene, his too, we are describing. There is something extreme in his paintings, as though emitted by the secret solidarity of two seeming opposites: the height of nature and the world as it is, joined at the pinnacle of I know not what artifice.

(I have been here many times already. I mean to say in the middle of these fields, just outside the small sleepy towns. Not just in those many, long summers spent in Sicily. But because a part of my mind was occupied years ago and permanently by Garcia Lorca's Andalusia, by those golden and silver silences. By certain of his pale-blue nights. One August, in a dreadful heat wave, we went to Granada to look for the exact point where Great Frederick was shot. We ended up in the country, in the middle of burnt stubble, and under a low sky, of an almost gloomy shade of periwinkle. Tricks and miscarriages of the mind, of our fantastic life. But I am certain of this: I have already been in *paintings like that*.)

And even though you cannot see it from here, Giovanni observes his countryside, the earth, as Conrad observed the sea. As something living, mutable, and yet immortal with its silent power. An ancestral land able to hold up heavy skies and immense lights. The importance of essential things.

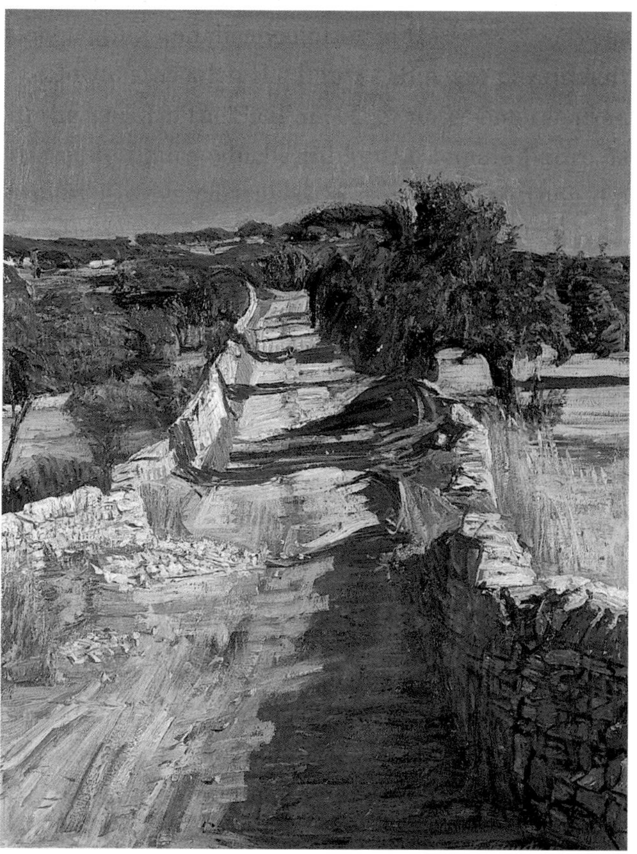

Percorso di Giovanni La Cognata

Guido Giuffré

Se La Cognata non avesse dipinto nel 1993 il piccolo *Ritratto con disegno di Klimt* difficilmente il nome del maestro sarebbe apparso nella letteratura sull'artista siciliano. Il medesimo riferimento è sotteso anche in qualche disegno coevo, ma lato, indiretto, mentre nel ritratto citato il pittore sembra aver lanciato un segnale preciso. Quale? L'interrogativo non è marginale. Nell'accostare il mondo di La Cognata esso incrocia immagini istintive, persino rudi, che scavalcano le mediazioni culturali. Paesaggi e figure – temi dominanti – paiono scaturire da un confronto e quasi scontro diretto tra l'artista e la realtà, fatto di passione e di sensi, di coinvolgimento frontale. La citazione klimtiana introduce invece un elemento nuovo di riflessione, offre una chiave interpretativa al di dà dei dati linguistici e formali. Si aggiunga – a volere ancora indugiare sull'esempio iniziale – che quella chiave è doppia: da un lato essa indica un mondo culturale che il siciliano, quanto che lo trovi congeniale, certo non rifiuta; dall'altro essa viene contestualmente giustapposta ed anche contrapposta alla diversa lettura che La Cognata dà del vero ritratto del quadro, consonante ma più ancora dissonante dalla psicologia corrosiva e forse corrotta rappresentata dal maestro viennese.

È uno degli approcci primari all'opera di Giovanni La Cognata. Un altro, con questo interdipendente, concerne il linguaggio, che ha tratti precipui e nettamente riconoscibili. Accantoniamo il discorso sul linguaggio in sé e sul suo ruolo, pure oggi che s'è fatto discorso primario. La Cognata dipinge come avrebbe dipinto un secolo fa, o meglio egli ha un ventaglio di scelte formali – peraltro obbligate dalla sua personalità – equivalente a quello che avrebbe avuto ai primi del 1900. Mancava allora l'opzione astratta, per il resto si spaziava dalle libertà già innescate da Van Gogh, da Ensor, da Munch (libertà che *mutatis mutandis* esistevano tuttavia in campo europeo da almeno quattro secoli), ai retaggi più *conservatori,* ma sovente nobilissimi e non poco produttivi. La pittura del siciliano ha avuto un suo svolgimento; oggi, prescindendo da versanti per lui estranei al mondo dell'arte, egli è attestato su un rispetto delle regole tradizionali, ma tale – volitivo e quasi sprezzante – da affermare piuttosto la propria libertà e indipendenza. La forma è costruita dalla pennellata, i tagli compositivi, i chiari e gli scuri, il tutto percorso da una tensione non soltanto corroborante ed energetica ma drammatica: vuoi che si dichiari tale, ad esempio in numerosi paesaggi, vuoi che mostri, come in certe figure di apparente riposo, andamento rilassato e pacifico.

Nel decennio appena trascorso il lavoro di La Cognata non ha subito trasformazioni di rilievo. In generale tra una figura del 1992 ed una del 2001 le differenze, pure notevoli, sono tuttavia sottili, e così tra un paesaggio di campi e carrubi di allora ed uno di oggi: diversità di visione del mondo, di poetica, e meno di linguaggio. Ma allo scorcio degli anni Ottanta il segno era più instabile e nervoso, colmo di inquietudini che serpeggiavano raschiando e abradendo la pelle di immagini fortemente alterate. Una mostra a carattere antologico tenutasi a Conegliano all'inizio del 1994 si apriva proprio all'insegna di codeste contraddizioni, nelle quali premevano, sia pure non chiarite, tutte le tensioni che agivano e agiscono ancora nel pittore.

Negli anni Ottanta La Cognata gravitava nell'orbita milanese. Una piccola serie di quadretti di quel tempo dice come egli non fosse indifferente al retaggio di certo espressionismo che aveva caratterizzato particolarmente quell'area culturale; tuttavia non meno delle telette di figure lacerate o di paesaggi solcati da pennellate come cicatrici o piaghe, rileva un allarme, una smania di ricerca che procedeva ondivaga, e che pareva non sapersi risolvere tra un'indagine marcatamente psicologica e uno sguardo al reale più agitato e insofferente, di estrazione appunto latamente espressionista. Oggi, nel pieno di una complessa maturità, il

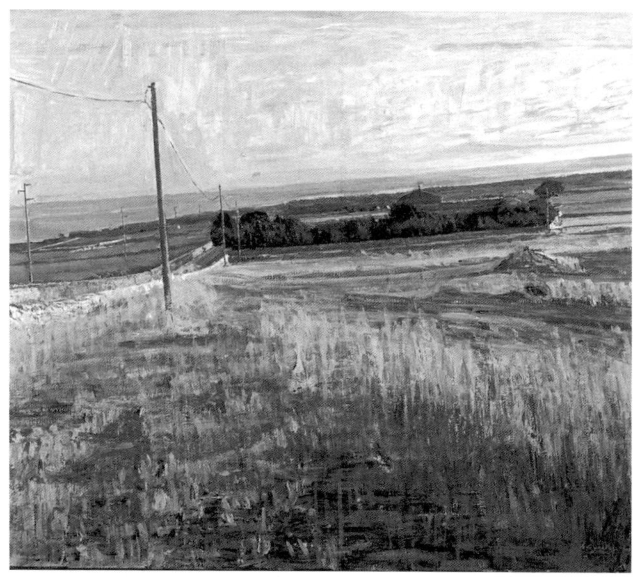

funebri. Da quelle opere quest'ultima tela del siciliano parrebbe non lontana, ma al di là di analogie inattese e casuali La Cognata era e sarebbe rimasto estraneo ad ogni anche larvato estetismo. Più che l'inafferrabilità della figura e del cane erano invece produttivi gli psicologismi della *madre,* e più ancora le piccole figure tormentate dove la psicologia è sofferenza in atto, flagranza di tragedia.

E con le figure, i paesaggi. Quale ruolo svolgano nel lavoro di La Cognata questi due grandi temi è difficile dire; essi si integrano a vicenda al cuore della visione recando l'uno componenti diverse o mancanti nell'altro. Proprio il paesaggio – nel senso ampio di ambiente o condizione stessa di cultura e di vita – dovette richiamare l'artista in Sicilia dopo un decennio (1983-1993) di permanenza in terra lombarda. Come il senso della figura va oltre la fisionomia e la psicologia, così il paesaggio, oltre la topografia, si fa comprensivo modo di conoscere e vivere il mondo. Entrambi i temi sono il teatro dove si gioca la partita decisiva, la realtà con cui bisogna misurarsi, ed è significativo che su ambedue si sia verificato contestualmente, intorno al 1990, il chiarimento della maturità. Al 1990 sono datate infatti alcune tele che riassumono come meglio non si potrebbe la complessità della visione allo scorcio di quel decennio: la scelta obbligata di una dimensione emozionale e formale agitata, la reiterata tentazione di riordinare l'approccio al reale senza allentare gli interni sommovimenti, e l'inatteso riassorbirli in un assetto se non pacificato certo a suo modo ricomposto. Due quadretti di quell'anno rispettivamente di figura e di paesaggio sono singolarmente omogenei per suggestione e per invenzione linguistica, sino a sfiorare l'intercambiabilità nonostante la diversità del soggetto. Sia il *Nudo maschile bianco* che il *Paesaggio ibleo bianco* mostrano striature vaganti su impasti biancastri, in realtà assai faticate, quasi in quella melma ambiguamente

pittore si mostra restio a riandare a quei passi non incerti e pure ancora irrisolti. Singolare è tuttavia come egli approdasse d'un tratto, una decina d'anni fa, a una sintesi che dura e si elabora tuttora.

Includeva di più, della personalità di La Cognata, il ritratto della madre del 1981, di struttura e pittura sapiente e sfatta, o il piccolo *Torso femminile* di nove anni dopo, diviso o meglio intriso del vortice di De Kooning e insieme dell'arsura di Giacometti? Per quanto oggi possano apparire entrambi lontani dalla definita poetica di La Cognata, entrambi a quella poetica sono legati. Tratto formale comune oltre la diversità degli esiti è la perentoria conoscenza del disegno, vuoi composto secondo matrici genericamente accademiche, vuoi celato nell'irsuta irritazione della pennellata. Nell'un caso e nell'altro conta appunto l'inquietudine, quel tarlo che rimestava nella psicologia sepolta di una madre corrucciata fino al livore, imbozzolata nell'attesa di rivalse mute e cocenti, oppure che torturava nudi femminili e maschili sciabolati, avvampati.

Del medesimo anno della *madre* citata è un'altra tela (*Figura e cane*), eccentrica e pressoché senza seguito, che merita tuttavia un cenno proprio per la sua non casuale eccentricità. Alla poetica di La Cognata essa si riconduce per vie indirette, saldando alla forma labile la difficoltà dell'esserci, l'aleatorietà, l'imprendibilità. Renzo Vespignani a Roma, in forza di contenuti marcatamente pessimistici e in sfida e dispregio dell'accademia, aveva già vissuto a quella data un'esperienza di figure provocatorie e organica esse aprissero il varco dell'esistenza. Paesaggio e figura sono entrambi – si direbbe senza sostanziali differenze – codesta fatica di esistere: nella forma e nella sostanza della pittura, a monte di ogni mediazione addotta dal soggetto, vuoi che questo inclini all'esperienza visiva, vuoi che inclini, nella figura, alla psicologia. Sono tratti che al di là dell'espressionismo appartengono alla temperie informale, dalla quale La Cognata, quasi a chiusura dell'esperienza milanese, sembrava sfiorato.

Ma non erano i soli modi di manifestare quel fondo drammatico che, restando costitutivo, presto si sarebbe calato in un aspetto del mondo più "normale", controcanto di ogni quotidianità. Altre tele di figure come lo *Studio di nudo maschile nel paesaggio* riprendono, nonostante le ridotte dimensioni, una larghezza e un impeto di gesto che trascina e scarnifica le forme. Sono esiti di gran rilievo, tuttavia sappiamo ora che la strada di La Cognata sarebbe stata un'altra, e che egli, consapevole o no, ne era alla soglia. Ancora un *Ritratto di mia madre con sedia bianca* del medesimo sorprendente 1990 mostra una diversa forma della smania e dell'insofferenza, non più con l'aggressione di una materia che s'era fatta carne ma con la pigmentazione rasciugata e scarna, stenta, se non fosse da leggere ancora una volta in chiave esistenziale. Il taglio sghembo dello spazio in quest'ultima tela farebbe pensare agli interni di Bacon, ma il siciliano è lontanissimo da quella poetica, e più vicino semmai, qui, per le ombre contornate e mobili, a certa visionarietà munchiana.

Sono riferimenti – Bacon, Munch – ampi e di comodo, ma per quanto premeva nel La Cognata di allora essi restano pertinenti più di altri legati alla particolare situazione italiana. Il pittore li teneva da conto per una consonanza di fondo, ma sulle simpatie culturali largamente prevaleva la schiettezza della sua indomabile natura. Bacon, allora ancora in vita, variamente recepito continuava ad essere orienta-

mento per tanti, e però non basta una generica impaginazione a suggerire l'accostamento; la stanza della madre siciliana seppure di prospettiva sbilenca resta intrisa di concreti umori quotidiani, così la sedia laccata, la veste dimessa, le forme sfatte della donna: di contro alle acutissime ma – nel confronto – astratte e formalistiche strutture compositive dell'inglese. Quella veste consunta e più il suo trapassare in una delle ombre che chiudono il primo piano suggerisce di nuovo, con le dovute differenze, gli incubi munchiani, ed è caso diverso dal Klimt del titolo citato all'inizio, nel quale La Cognata, piuttosto che assorbire una lezione, la indica e insieme ne prende le distanze. È difficile stabilire la successione dei dipinti di quell'anno ed è pensabile che essi alternassero forme più e meno procellose; certo è che la "madre" del 1990 si ricollega a quella del 1981 per la penetrazione psicologica acutissima, tale da farne prototipo non soltanto di pittura fortemente caratterizzata ma, da un punto di vista più ampio, di cultura puntualmente e non restrittivamente siciliana. Potrebbe indicarsi una vaga analogia con Fausto Pirandello, che nel prosieguo del lavoro di La Cognata si accentuerà più ancora: riferimento non alle (ben diverse) caratteristiche del maestro scomparso bensì proprio al suo cogliere e inchiodare, nel gesto di un attimo, una psicologia e tutta una storia, e farne immagine icastica e folgorante.

Non si insisterà abbastanza sull'importanza di questa "madre" nell'opera di La Cognata. Alla soglia di un percorso lineare e in continua elaborazione, ma senza più scarti, essa è sintesi di una poetica che non avrebbe conosciuto smentite. Vi è accentuata la cupezza dolorosa; la volitiva seppure sofferta tenacia di nove anni prima è volta in rassegnazione chiusa e testarda, e vi è chiaramente definito il perimetro di un'umanità fatta di silenzi e di attese, di un'interiorità che comprime, trapelanti da sottili spiragli, le vicende e le tempeste della vita.

Il 1990, risiedendo il pittore ancora a Milano, può dunque considerarsi l'anno in cui – è difficile dire per quali spinte – si conclude un ciclo di feconda ricerca e si apre il tempo della maturità. Certo opere di straordinario livello, come tante di quell'anno, sono tutt'altro che immature; resta il fatto che, a differenza di prima, da allora il costante approfondimento è stato più lineare. Già da quell'anno infatti datano sia figure che paesaggi dall'aspetto pressoché inedito, che soltanto precise motivazioni collegano ad altri non poco diversi eppure coevi. Il *Ragazzo seduto* – esempio fra i tanti – non ha molto da spartire col citato *Studio di nudo maschile nel paesaggio,* non fosse altro per i modi linguistici di estrazione decisamente espressionistica nella seconda tela e invece del tutto ricomposti (in forma per niente accademica) nella prima. Tuttavia più che ai sommovimenti delle piccole tele conviene riferirsi ancora una volta alla *Madre con sedia bianca,* punto mediano tra i vecchi e i nuovi modi. Non molto sembra cambiare; la caratterizzazione si ripete puntuale nella fisionomia, nell'abbigliamento, nel gesto, persino nella pennellata, ma il sottile distacco intervenuto tra il pittore e il suo modello, la diminuita passione e la più precisa descrizione sono sintomo di un mutato atteggiamento di fronte alla realtà: meno direttamente coinvolgente e in qualche misura più giudicante.

La Cognata non diventa pittore "di testa"; la cultura è in lui fatto istintivo, in una personalità che appunto d'istinto evita le mediazioni e quasi anzi prorompe. Nel *Ritratto con disegno di Klimt* del 1993 la figura femminile non si discostava in nulla da altre che a quella data erano compiutamente definite; con l'aggiunta del disegno klimtiano il pittore si riferiva, diremmo, a un disagio, a un malessere indecifrato non necessariamente connesso alle introversioni del maestro austriaco (e meno ancora a quelle più spietate di Schiele, comprensibilmente citato dalla critica); Kokoschka o persino Dix, vale a dire una

più ampia area di espressionismo psicologicamente penetrante, farebbero egualmente riscontro a quella sorta di attesa amara, insieme illusa e delusa, che caratterizza il ritratto e che era matura, come si diceva, da almeno due anni. In numerose tele del 1992 – prima che l'artista concludendo la travagliata ma formativa esperienza milanese rientrasse a Comiso – la poetica è pienamente definita e numerosi risultati sono e resteranno tra i suoi maggiori. Ma già nel menzionato *Ragazzo seduto* del 1990, delle precedenti violenze formali e contenutistiche non resta che una vaga vibrazione della pennellata, un'ultima resistenza delle forme alle leggi del vero, quasi nel timore rivelatosi tosto infondato che esse potessero contrabbandare la vecchia prigione della verosimiglianza o dell'accademia. Due anni dopo, nel 1992, vari ritratti non sono da meno del piccolo capolavoro col Klimt, e tra gli altri il *Ritratto di Rosanna con fondo azzurro* o il *Ritratto di Rosanna.* Oltre che tra i più intensi per la carica umana essi sono anche tra le rare opere che sul costante sottofondo di malcelata passione stendono il velo di un'apparente serenità.

In La Cognata, temperamento intrinsecamente drammatico, il dramma tuttavia non è mai flagrante. Le figure sono dipinte in atteggiamenti domestici, in riposo o nella posa casuale dell'istantanea. Ma – e torna qui l'esempio di Pirandello – proprio la stasi o l'indifferenza del soggetto, l'atteggiamento anonimo se non il gesto o il moto colti quasi furtivamente, nascondono (e rivelano) uno spessore di vita dove ogni attesa, ogni fervore segreto, ogni illusione galleggiano esposti all'imponderabile, quanto più umanamente densi tanto più fragili e a rischio. Rispetto non soltanto al *Torso femminile* del 1990 ma anche al coevo *Ritratto di mia madre con sedia bianca* le forme sono tornate a un assetto che potrebbe dirsi di scuola o di tradizione, ad esempio ottocentesca. Sapienza di mestiere, occhio acuto e mano duttile non fanno difetto a La Cognata. Il *Ritratto di Rosanna con fondo azzurro* ha impasti sodi e forme compatte e tornite, ombre e mezzeluci di grande sottigliezza, panneggi sobri di eccellente finezza: con altrettale resa di forma e di qualità dipingevano Lega o Fattori. Eppure quel ritratto di La Cognata rappresenta un'evoluzione rispetto alla sua pittura precedente che pure sembrerebbe d'acchito più "moderna", e nell'ardore trattenuto e cocente esso vive, più che una psicologia, un turbamento sepolto che è nostro, fatto dei nostri stessi disinganni. Quanto sconvolgeva le figure mutile di appena qualche anno prima, lacerate in una forma che era tempesta dell'animo, non sparisce ma s'insinua sottile alla radice, pervade il retroterra, è il presupposto di quello sguardo penetrante e deluso.

Ma per restare ancora alle figure, capitali nel mondo del siciliano, altri accenti vengono piuttosto dalla figura maschile, che con qualche differenza da quella femminile è quasi sempre rappresentata in atteggiamento passivo. La Cognata ritrae la donna oltre che in posa anche immersa in un'attività qualsivoglia, sovente la più banale, il mangiare, il conversare, il fumare, attività che sembra contrabbandare alibi o rifugio alla frustrazione. Allo scorcio degli anni Sessanta nel ciclo dell'*Imbarco per Citera* Vespignani aveva celebrato la banalità, in una sorta di orgiastico trionfo del nulla diviso fra il grottesco smaccato e l'irrisione. L'artista romano frapponeva tra sé e i suoi modelli un diaframma che neutralizzava la pietà, smentendola anzi con un dileggio persino smodato e spingendo quella banalità, pur giudicata, fino all'ostentazione e quasi al compiacimento. Nulla di ciò in La Cognata; la sua *Figura* che fuma del 1994 o la *Luisa* del 2001, che mangia in piedi al party dell'indifferenza, non sono giudicate e meno che mai irrise, esse appartengono a un'umanità il cui solo esserci è segretamente dolente; al di là dei gesti e degli atteggiamenti l'artista oltrepassa la cortina di occhiate di circostanza che non nasconde solitudini, crucci, patimenti. L'uomo invece, se non è in posa, è in abbandono, ozia o attende, ma la sua è attesa

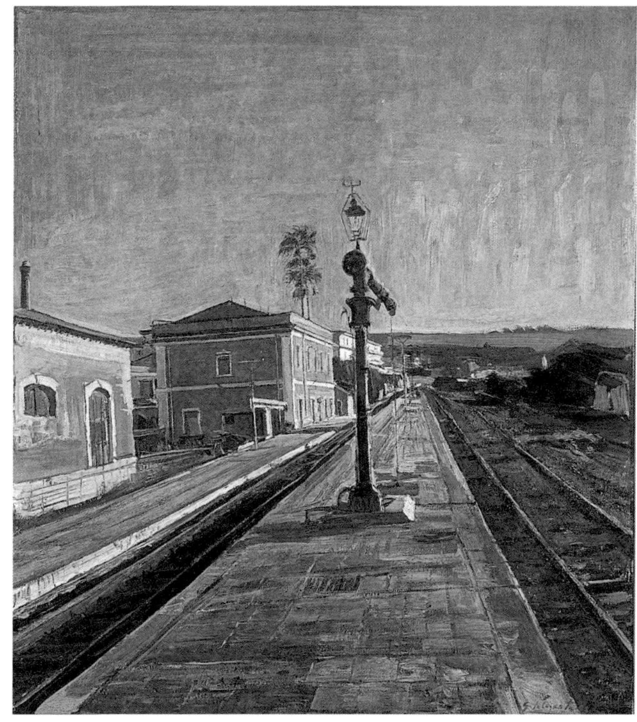

come attesa è la vita, al di là di azioni o programmi o pensieri. A queste figure maschili va riferita la citazione di Lucien Freud ricorrente nella critica. Ma è parentela esterna: di soggetto, posa, indolenza, magari di pennellata e di talenti pittorici. Lo spirito è tutt'altro. Freud in gioventù aveva nutrito lo sguardo tagliente di echi vischiosi inversamente proporzionali alla nettezza formale, intrigandoli e inquinandoli sempre di più fino a intriderne la stessa pasta pittorica, echi che a volte dilagano e prevalgono; Bacon o Balthus – nomi non di rado suggeriti dalla sua pittura e talvolta suoi modelli – aprirebbero altro e più ampio discorso. Ma al di là di quanto la riporterebbe a Freud, la poetica di La Cognata manca di quella angoscia sotterranea, insinuante, perversa, che nell'inglese, più che inquietare, distrugge talora ogni incanto. La passività dell'uomo, la sua attesa docile o confidente e persino sorridente, toccano nel siciliano l'acme dell'umana trepidazione, sono scopertura indifesa ed esposta, senz'ombra di disperata o lugubre sensualità.

Nel 1993 dunque La Cognata rientrò in Sicilia, a Comiso, dove era nato e dove vive tuttora. A guardare tanta sua pittura del decennio precedente ben si comprende come egli avesse lavorato in un contesto così diverso da quello della sua formazione. Tra gli anni Settanta e gli Ottanta un pittore di tale prensilità e soprattutto di siffatti talenti non aveva difficoltà a crescere e aggiornarsi nella peraltro vivace cittadina siciliana; ma a Milano era tutt'altra cosa. Se, nelle figure di cui s'è detto, dai sommovimenti formali traspare l'eccellente qualità e la statura dell'artista, ma non traspaiono le tracce della cultura di origine, così non avviene per i paesaggi. Alcune tele dipinte in pieno periodo milanese, come il già citato *Paesaggio ibleo bianco* del 1990, la *Collina bruciata* del 1988 o il *Notturno* dell'anno seguente, mostrano – nella medesima ricerca tormentata da cui nascevano le tele di figura – anche e si direbbe soprattutto la "sicilianità" dell'autore: non soltanto per la riconoscibilità dei luoghi quanto per il sentimento e l'emozione che con quei luoghi fanno corpo.

Ma se nei due grandi temi del lavoro di La Cognata i nodi si sciolgono contemporaneamente, nel paesaggio avviene tuttavia qualcosa di diverso. In più di una immagine le ombre si ricompongono e si rasserenano; accendendo i gialli e gli aranci la piana slarga fino ad orizzonti spesso senza cielo, quasi non fosse scampo, fuga o evasione da quella terra e da quella luce. L'assillo che aveva incalzato le forme e sfregato le superfici si dilegua. Esso non nascondeva gli aspetti tipici del paesaggio ragusano, tuttavia ne forzava la lettura accentuando i tratti della pennellata, della macchia, del gesto; che invece spariscono in *Paesaggio* o in *Paesaggio d'estate* (non a caso entrambi del 1990) cedendo d'incanto la ragion d'essere dell'immagine al colore/calore dei vasti pianori, alle solitudini rimarcate dalle grandi distanze, alle direttrici prospettiche distese e composte in umanissima metafisica.

Ma la poetica di La Cognata non è lirica né idilliaca. Le tensioni e gli allarmi che all'artista appartengono come l'anima al corpo non potevano mancare di manifestarsi ancora, e fuori dalle menzionate – qui assai vaghe – tangenze informali trovarono dapprima la strada di certe accentuazioni ritmiche della forma, non vistose, interne anzi alla forma stessa, che proprio da esse traeva vibrazione profonda e risonanza. Tra i primi superbi esempi sono *La casa tra i carrubi* del 1990 e il *Paesaggio con carrubi* dell'anno seguente. La prima tela, non ampia, è scompartita in una larvale struttura geometrica, latente, dove verticali e orizzontali trattengono anche un'irruente corposità e libertà di impasti che sembra anch'essa ipotesi stilistica. Non sarebbe del tutto peregrina la citazione di Morlotti (La Cognata viveva allora a Milano e il vecchio maestro era ancora in vita), perché se mancano nel siciliano gli umori lombardi, era tuttavia questo il momento in cui egli bilanciava – e forse lottava tra – una tentazione formalistica al confine di espressionismo e informale, e la prepotente passione per la natura, le cose, la realtà. Come quest'ultima vinceva – a suo modo – in Morlotti, così avrebbe vinto, aveva già vinto, in La Cognata.

Ma da allora la visione è, se non mutata, sicuramente cresciuta e precisata. A sintetizzarne sommariamente lo sviluppo si direbbe che La Cognata abbia trascurato il protagonismo formale che nell'uso e nell'abuso ha dominato tutto il secolo appena trascorso, anzi, intendendone le ragioni e le necessità di fondo, lo abbia scavalcato per rifarsi a quell'approccio diretto alla natura che, nelle varie modalità, era dell'Ottocento: egli sa che l'attualità e la statura di un artista non dipendono dalle soluzioni formali adottate ma dall'ampiezza del suo mondo. La pittura – la cultura – di La Cognata resta tutt'altro che ottocentesca.

Al di là dell'esteriore somiglianza dei paesaggi dipinti dieci anni or sono con quelli di oggi, il cammino percorso non è breve né poco articolato. All'inizio del decennio venivano sperimentate insieme sia le citate vagamente ritmate sintesi formali, sia marcate ma calibrate accensioni cromatiche (che nel *Paesaggio con carrubi* del 1991 sfiorano memorie *fauves)*. Contemporaneamente tuttavia, e per qualche anno ancora, in tante immagini il pittore castigava la veemenza della tavolozza, e – in tanti vellutati, modulati notturni, o tra opalescenti ombre serali – la sua pennellata si faceva più sensuale, e così le forme, quasi nell'inconsapevole retaggio di tante immagini guccioniane che, com'era avvenuto un tempo per Guttuso, hanno stregato non pochi pittori e non soltanto siciliani. Ma per quanto felici fossero quegli esiti, non si trattava che di episodi nella ricerca o meglio nella messa a punto del proprio lavoro che raggiunse un momento di perfetto equilibrio e di grande intensità poco prima della metà del decennio. In un gruppo di paesaggi iblei del 1993 la visione, ancora in buona misura diversa da quella odierna, si spiega tuttavia in eccellente pienezza. Prescindendo da dove siano stati dipinti quei quadri (è l'anno del rientro definitivo in Sicilia), La Cognata vi trova non soltanto pieno appagamento e piena risposta ma la stessa ragion d'essere della sua pittura: nell'immergersi nel paesaggio che ama come in se stesso, le grandi distanze, gli interminati silenti orizzonti, gli alberi, i muri, le pietre. Né folclore né varia aneddotica viziano le immagini, l'animo si abbandona all'apparente inerzia delle cose, ma in realtà ad uno spessore di vita dove alle solitudini e ai silenzi, alla quiete immota, alle meditazioni sull'essere, tacitamente si rapportano e si commisurano frastuoni e drammi latenti.

Nel superbo gruppo di tele cui ci siamo riferiti, gli spazi, le cose, le distanze, più che abitanti o protagonisti sono *il* paesaggio: da un vasto *Paesaggio* del 1993 con insolite lontananze azzurrine oltre i toni caldi ed aspri della piana, ad un *Paesaggio con carrubo* coevo più articolato di presenze, di luci più mobili, si direbbe di echi e di attese, ma di eguale sconfinata solitudine. Non si vedono persone in queste contrade pure brulicanti di vita, né animali; qualche casa lontana non suggerisce voce né moto ma, come i muretti di pietra, essa è soltanto macchia di luce o d'ombra. L'assenza di figure umane è una chiave di lettura da non trascurare; i carrubi sparsi o allineati in filari discontinui, le stoppie che l'inclinazione del sole o l'umidità dei terreni macula variamente, le prospettive lungamente segnate dai muriccioli di confine, dai sentieri polverosi, dai pali della corrente elettrica, creano un tessuto narrativo di un passo omogeneo, di un medesimo lento respiro. Quando nel 1995 un cane visto da tergo e senza alcuna invadenza compositiva interviene nel primo piano di un grande *Paesaggio,* il senso dell'immagine cambia. La Cognata non ha il gusto della macchietta; dell'animale si sente il fiuto e quasi il ringhio, si pavanta la ferocia, anche se da essa sono lontane le colline, gli alberi e le case all'orizzonte, lo stesso lento volgere della piana verso la striscia cobalto del cielo. Tuttavia, schematizzando, può dirsi che il vasto *Paesaggio* col cane del 1995 è un primo cambiamento nel tema delle figure nel paesaggio, e che coincide con il progressivo mutare di tutta la poetica.

Fino a quel momento La Cognata aveva riservato alle figure una maggiore complessità di contenuti. Avulso da ogni forma di contenutismo, avulso egli resta altrettanto dal mero piacere della bella pittura: lui che anzi, pure avendone straordinari talenti, la sacrifica sull'altare dell'essenzialità. Quando tre anni più tardi dipinge qualche tela di *Figura nel paesaggio,* il paesaggio non è più tale, e meglio si direbbe "figura in esterno", tanto ciò che resta della natura è ridotto, dove più dove meno, alla mera proiezione appunto della figura. Già una *Casa rossa sulla collina* del 1997 era molto diversa dai paesaggi precedenti: alle distese dei campi, all'immersione sostanzialmente contemplativa quanto che fosse allarmata e ricca di pensieri, s'era sostituita una sorta di intensa operosità umana; case, fabbricati agricoli, muretti

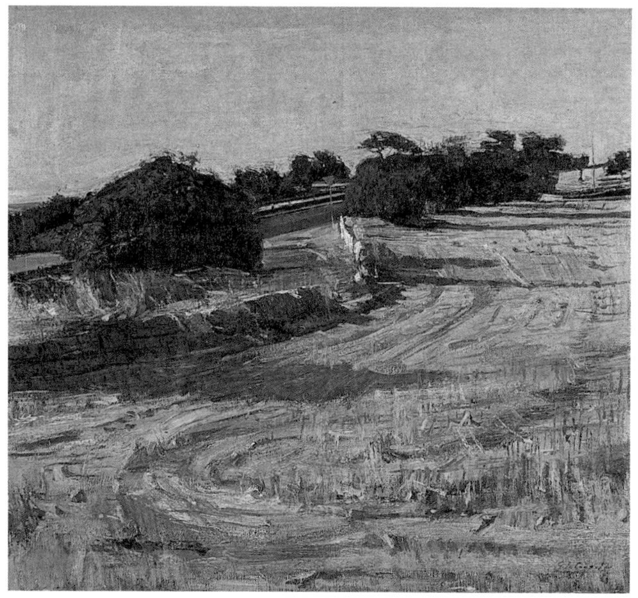

innumerevoli a dividere e scandire i vari coltivi si offrono a un'efficace orchestrazione di luci e di ombre, alla magistrale veduta dall'alto, ai muti dialoghi delle prospettive, delle curve, delle distanze – e sulla silente pensosità di prima finisce col prevalere un larvato dinamismo. Ma quando nelle citate tele del 1998 la figura si dichiara irrefutabile protagonista il dinamismo che s'impone è tutto interiore, ed è talmente predominante da ridurre il paesaggio a percorsi appena visibili, case o sentieri all'orizzonte, tracce narrative tuttavia sopravanzate dalla ben più significativa eccitazione della pennellata.

Se nei ritratti e nelle figure di La Cognata lo sguardo del soggetto raffigurato ha sempre avuto, come in tutta la ritrattistica tradizionale, ruolo portante, è significativo che esso manchi del tutto in alcune delle migliori tele di "figura nel paesaggio", due delle quali sono state esposte nel maggio del 2001 ad Acqui Terme. Non è tanto che l'artista rinunci allo strumento più penetrante – lo sguardo appunto – per raggiungere e compiere il senso dell'immagine: in quei quadri cambia piuttosto proprio il senso dell'immagine. Alla mancanza del volto, nascosto dal moto del capo, corrisponde la mancanza delle consuete riconoscibili caratteristiche del paesaggio, e si afferma invece il ritmo del pennello incalzante come un assalto di cavalleria, come una violenta pioggia battente. Le luci cocenti si fanno taglienti, sì che la stessa figura, piegata, ne soffre, e le ombre induriscono inabissando le mezze luci in cui La Cognata è maestro. Egli non rinuncia alle finezze, ai trapassi

sottili, ma la pennellata più che dar corpo alle stoppie o agli steli caduti afferma perentoriamente se stessa e un suo interno furore, come in tutt'altro contesto faceva quella vangoghiana. Più che un cambiamento nell'approccio al paesaggio o alla figura, qui assimilati e compenetrati l'uno nell'altra, è tutta la visione a divenire sempre più drammatica. Nel medesimo 1998 un piccolo paesaggio senza personaggi che non siano i muretti, le pietre e i carrubi di sempre mostra i nuovi accenti, cui non è estraneo un impeto esecutivo rude, una sommarietà – peraltro espertissima – di netta impronta emotiva. Se poi raffrontiamo opere degli ultimi anni, *Paesaggio, Paesaggio e muro, Paesaggio con ferrovia, Paesaggio di fine luglio*, ad opere di anni prima, ad esempio *Paesaggio* o *Paesaggio a Donnafugata* entrambi del 1993, si vedranno i muri e le strade solcare ora come una ferita aperta la piana un tempo uniforme, dove la luce dilagava senza ostacoli modulando i gialli e gli aranci. Sono oggi segni di una natura appunto ferita, dolente, ma di un dolore che non volge alla malinconia, alla memoria, all'oltre, come quando l'approccio di La Cognata restava a suo modo contemplativo, bensì di un dolore che è essenza stessa della natura, che è della natura del mondo. Questa sostanza intride non il volto ma tutte le fibre del reale e può prescindere dall'irruenza del gesto o da altre accentuazioni linguistiche. È una scelta di fondo, una fedeltà a se stesso che si riscontra ad esempio in una *Cava di Comiso* dipinta tra il 1999 e il 2000; il titolo ricorda la *Bibèmus* di Cézanne, ma nulla più che il titolo, proprio a evidenziare l'aggiramento da parte del siciliano di ogni ipotesi di sperimentazione linguistica, che col gigante provenzale (ma è altro discorso) aveva avuto inizio per tutta la modernità.

Se per meglio intendere la pittura di La Cognata si può ricordare un nome – nella diversità delle poetiche e delle culture – di nuovo è quello dell'italiano Morlotti. Anche Morlotti, dopo il picassismo degli esordi (lui come tanti), fu toccato dalla temperie dell'informale, ma si direbbe non come ricerca di linguaggio bensì come ineludibile condizione di vita. Ma in lui ha sempre prevalso, ed era il senso profondo della sua arte, un'immersione nella natura che si direbbe consustanziale. È quanto con le citate diversità avviene nel siciliano; nella menzionata *Cava di Comiso* il riferimento morlottiano è indiretto, ma in un *Paesaggio* del 2001 esso va persino al di là delle precedenti motivazioni di fondo, castigando quegli aspetti del paesaggio siciliano e ragusano che ne sono quasi le stimmate, e trasformandoli nella cupezza della macchia, nell'intensità del colore, nella trascinante irruenza della pennellata. Risulta più arduo, qui, l'affiorare di non peregrine memorie ad esempio courbettiane, come in un *Paesaggio* di due anni fa dove un carrubo si levava maestoso al centro della tela, o di memorie italiane, magari toscane, ad esempio nel *Paesaggio di fine luglio,* col medesimo carrubo a tagliare l'affondo della stradella, l'intensità cocente del sole, gli stracci d'ombra che vi si torcono come bestie ferite.

Muta qualcosa se dal paesaggio campestre si passa a quello urbano? Semmai si accentua l'agilità dell'artista nell'esaltare il protagonismo delle luci e delle ombre, là dove potrebbe crescere piuttosto la descrizione narrativa. L'occhio di La Cognata è prensile e la sua mano duttile; ma più ancora che nella campagna ragusana egli domina qui l'abbondanza dei particolari concentrandosi appunto sul dialogo luce-ombra, nel quale trapassa ogni narrazione. L'interesse per la città, così spesso la sua Comiso, è cresciuto negli ultimi anni orientando decisamente sul versante emozionale i concitati rapporti chiaroscurali. A volte particolari monumentali parrebbero farsi protagonisti, come il portale barocco della *Strada di Comiso;* a volte parrebbe invece trattarsi di una scelta a suo modo populista, come nella baraccopoli, quasi una discarica, della grande *Periferia di Comiso;* a volte ancora la scelta monumentale, pure dichiarata

nel titolo – nel grande *Palazzo di Comiso al tramonto,* nel *Palazzo barocco* – si sottomette al ruolo dominante dei contrasti cromatici e soprattutto luministici. Sempre tuttavia è coinvolto non l'occhio ma l'animo; la città di La Cognata non è luogo amabile, non in periferia, dove più che dai bidoni abbandonati, dai rottami e dall'evidente miseria lo squallore viene dal gelo di un'oggettività impietosa, di una luce cruda che non avvolge e non riscalda bensì ostenta e denuncia. E amabile non è nei suoi palazzi, se quello che si offre ai raggi radenti del tramonto, in bilico sul precipitare della strada, è piuttosto un'infuocata concitazione di ritmi, di ansie e di sospetti.

Gli ipotetici abitanti di questi scorci inospitali dove la vita preme muta, sepolta e tempestosa, non sono i nudi del 1993; tra queste usurate architetture non sta l'attesa disingannata dello *Studio per ritratto di Tonino C.* o dell'*Uomo con il cane,* ma il tragico *Studio per figura nel giardino* del 1999, dove alberga non sai quale retaggio baconiano. E oltre le periferie non trovi più le chiome compatte dei carrubi di un tempo, pause d'ombra sulla luce aperta e vibratile, riverberante brulichio; incontri meglio il tronco squarciato del *Grande carrubo* del 2000 sotto le fronde in tumulto, vittime rivoltose di un nemico cui il vento non fa che adeguarsi. L'ultimo La Cognata è il più drammatico; all'intensità raccolta dell'*adagio un poco mosso* ha fatto seguito il *vivace con fuoco.* I movimenti sono ancora tanti, ma l'acme espressiva – salvo le variazioni a venire – è raggiunta da un pezzo.

The Journey of Giovanni La Cognata

Guido Giuffré

If in 1993 La Cognata hadn't painted the small *Ritratto con disegno di Klimt*, the name of the Viennese artist would hardly have appeared in so much of the literature written about him. Klimt is also alluded to in some of La Cognata's contemporary drawings, but broadly and indirectly; whereas in the portrait mentioned above, the painter appears to have sent out a precise signal. *What* this signal means may not be such a trivial question. Approaching the world of La Cognata, one finds instinctive images that supplant cultural mediations. Landscapes and figures—dominant forms—appear to spring from a confrontation between the artist and reality; a head-on involvement made up of passions and sensuality. But the mention of Klimt introduces a new element for reflection, and offers a key to interpreting above and beyond linguistic and formal data. One might add—if one wanted to linger on the initial example—that the key is a dual key. On the one hand it indicates a cultural world that the Sicilian certainly doesn't refute, as he finds it to be congenial; but on the other, it offers a contextual juxtaposition of the diverse readings inherent in his work: a consistent, yet still more dissonant relationship with the corrosive and perhaps corrupt psychology that the Klimt represents.

This is one of the primary approaches to the work of Giovanni La Cognata. Another, interdependent approach, concerns language, which has peculiar and clearly recognisable features. Let us leave aside the matter of language and its role, even though today it tends to be of primary interest. La Cognata paints as he would have painted a century ago; or rather, he has a range of formal choices—dictated however by his personality—equivalent to what he would have had at the beginning of the 1900s. At that time the abstract option was missing, the rest ranging from the freedom sparked by Van Gogh, Ensor, and Munch, to the more conservative legacies, often extremely noble and not a little productive. The Sicilian's painting evolved: Today, he is vouched for by a respect for traditional rules, that—strong-willed and almost scornful as they may be—actually confirm his freedom and independence. Formally, the paintings are made up of brush-strokes, compositional slants, light and darkness; all penetrated by a tension which is not only invigorating and energetic, but dramatic: whether they be purposely so (as it is for example in numerous landscapes) or whether they have, as in certain figures apparently in repose, a relaxed and peaceful presence.

In the last ten years, the work of La Cognata has not seen any important transformations. The differences between a figure from 1992 and 2001, though noteworthy, are very subtle. This could also be said of his landscapes. There is a different vision of the world, of poetics, though a vision less comprised of language. At the close of the Eighties, the sign was more unstable and nervous, brimming with a disquiet that scraped and abraded the skin of strongly altered images. An anthological exhibition held at Conegliano at the beginning of 1994, opened precisely under the banner of these conflicting tensions, which acted and still act in the painter.

During the Eighties, La Cognata gravitated in the Milanese orbit. A small series of miniature paintings from that period reveal how he was not indifferent to the legacy of certain expressions which had particularly characterised that cultural area. However, the small canvases of lacerated figures or landscapes furrowed by brush-strokes like scars or wounds, reveal an alarm, a nervousness with his work, which proceeded waveringly and with an ambivalence about what to choose: a markedly psychological enquiry, or a more agitated, impatient, and broadly expressionist look at reality. Today, in the flush of a complex maturity, the painter proves reluctant to return to those not uncertain, and yet still unresolved steps. It is nevertheless striking how he came suddenly, about ten years ago, to a synthesis that still persists and that is still under elaboration.

Did the portrait of his mother in 1981, of an expert and overblown structure and painting style, include more of his personality? Or the small female torso of nine years later, drawn from, or better, infused with De Kooning's frenzy and with Giacometti's searing heat? Though both today appear distant from the defined poetic of La Cognata, they are both linked to that poetic. A common formal feature, in addition to the diversity of results, is the peremptory awareness of the drawing, composed according to generically academic matrices, or hidden in the hirsute goading of the brush-stroke. In both cases it is the disquiet which counts; that worm which is stirred in the buried psychology of a mother vexed to the point of malice, and cocooned in the anticipation of mute and bitter revenge. Or the worm that tortured female nudes and slashed males (*Madre.*)

Another canvas (*Figura e cane*), bizarre and almost without likeness, deserves mention for its not random eccentricity.

This leads indirectly to the poetic of La Cognata: welding the difficulty of being to ephemeral forms, uncertainties, and elusiveness. Renzo Vespignani in Rome, prey to pessimism and contempt for the Academy, had already experimented with provocative, funereal figures. While the last canvas of the Sicilian is reminiscent of those works, La Cognata was and would continue to remain foreign to any—even latent—aestheticism. Rather than the elusiveness of the figure and the dog, the psychologisms of *Madre* were instead productive, and still more so than the small tormented figures in which the psychology of suffering and tragic flagrancy is enacted.

And as it is with the figures, so it is with the landscapes. It is difficult to say what role these two great forms have in the work of La Cognata; they integrate one another at the heart of his vision, and supply each other with the missing pieces. It was precisely landscape—in the broad sense of environment or the very condition of culture and life— which was to recall the artist to Sicily after a decade (1983-1993) of permanence on Lombard soil. Just as the sense of the figure goes beyond physiognomy and psychology, so does landscape, in addition to topography, make itself a comprehensive way of knowing and experiencing the world. Both themes are the theatres in which the decisive game is played out: the reality against which one measures oneself. It is significant that in around 1990, a clear maturity was verified in both. 1990 is, in fact, the period of a number of canvases which summarise, better than anything, his complexity of vision at the close of that decade: the forced choice of an emotional and agitated formal dimension, and the reiterated temptation to define an approach to reality, without stifling the internal tumults and their unexpected re-absorption into an order, if not pacified, then certainly recomposed. Two small paintings from that year, of figure and landscape respectively, are strikingly homogeneous in their linguistic suggestion and invention, to the point of being almost interchangeable—notwithstanding the difference in subjects. Both *Nudo maschile bianco* and *Paesaggio ibleo bianco* show streaks here and there of whitish paste, actually rather laboured, as though in that ambiguously organic ooze, an opening onto existence were to appear. Landscape and figure both demonstrate this existential fatigue, without substantial differences. The shape and substance of the painting finds its source in each mediation adopted by the subject: whether it is inclined to visual experience, or whether it is inclined, as with the figure, to psychology. They are features that, in addition to expressionism, belong to the informal climate that La Cognata seems to have brushed up against near the close of his Milanese experience.

Other figure paintings like *Studio di nudo maschile nel paesaggio* draw on, notwithstanding the reduced dimensions, a breadth and impulse to gesture that pulls at the forms and strips them of flesh. Again a *Ritratto di mia madre con sedia bianca* of the same surprising 1990 exhibition gives a different form to the nervousness and the impatience, no longer with the aggression of matter become flesh, but with a dried up and lean pigmentation. It is difficult not to read it a second time in an existential key. The oblique cut of space in this last canvas might remind one of Bacon's interiors, but the Sicilian is very far from that poetic. He seems closer, if anything here, with his contoured and moving shadows, to certain visions of Munch.

Bacon and Munch are broad and convenient references, and though they influenced La Cognata, they remain linked to other particular Italian realities. The artist appreciated them for their fundamental harmony, but the frankness of his indomitable nature amply prevailed over his cultural sympathies. Bacon, then still alive and variously received, continued to be a reference point for many. Yet a generic relationship with Bacon isn't enough to suggest La Cognata's approach; the room of the Sicilian mother, though the perspective is lop-sided, remains infused with concrete everyday articles, like the polished chair, the discarded garment, or the woman's overblown anatomy. This is opposed to the extremely acute, but comparatively abstract and formalistic compositional structures of the Englishman. The worn garment layed across one of the shadows that end the foreground, suggest once again, with obvious differences, Munchian nightmares. This is much different than with Klimt,

where La Cognata, rather than learning a lesson, teaches it while at the same time maintaining a distance. It is difficult to establish the sequence of the paintings in that year, and it is possible that they alternated in more or less torrential forms: it is certain that the "madre" of 1990 is connected with that of 1981, with its extremely acute psychological penetration. There might be a vague analogy with Fausto Pirandello, who in the course of La Cognata's work is even further emphasised: a reference not to the (very different) characteristics of the late Artist, but to his capturing and nailing, with an instantaneous gesture, a psychology and a whole story, making it a representative and dazzling image.

There can't be enough insistence on the importance of this "mother" in La Cognata's work. On the threshold of a path which is both linear and under continuous elaboration, but without any extraneous waste, this is the synthesis of a poetics that denies

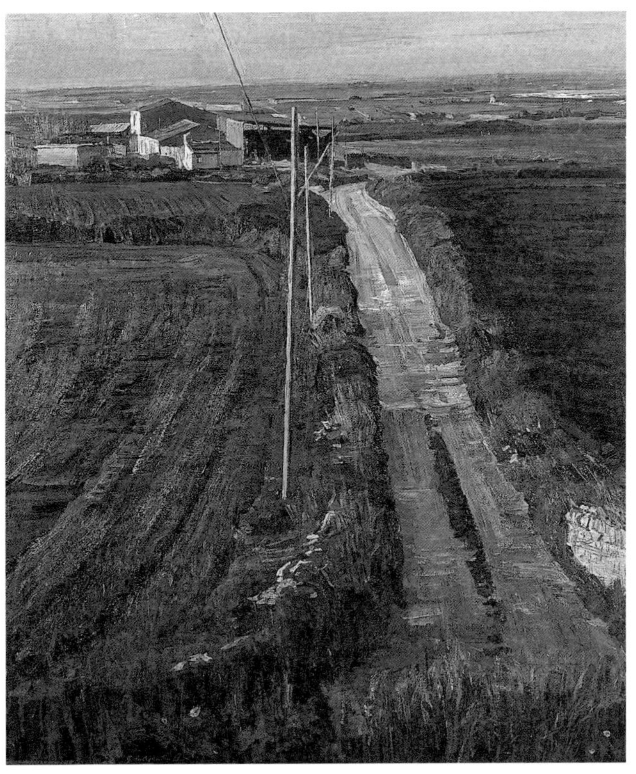

nothing. The wilful but hard-fought tenacity of the previous nine years is turned into a shut and stubborn resignation, in which a clearly defined outline of humanity consisting of silence and waiting, of an inwardness that represses, oozing from narrow chinks, life's vicissitudes and tumults.

1990, when the artist was still living in Milan, can therefore be considered the year in which—it is hard to say by what helping-hand—a cycle of fertile research ended and an age of maturity was reached. Certain extraordinary works, like many in that year, are anything but immature. The fact remains that from then on, unlike before, his constant study became more linear. In fact, there are both figures and landscapes from that period of an almost unprecedented aspect. *Ragazzo seduto*—just one example—wouldn't have much in common with the above-mentioned *Studio di nudo maschile nel paesaggio*, were it not for the linguistic methods of a decidedly expressionistic extraction in the second canvas. It is worth referring once more to the "mother with white chair", as a median point between the old and the new methods. Not much appears to change; the portrait is repeated with details of the physiognomy, in the clothing, in the gesture, and even in the brush-stroke. But the subtle separation which takes place between the artist and his model, the diminished passion and the more accurate description, are symptoms of the artist's changed attitude towards reality: less directly absorbing, and to some extent more judgmental.

La Cognata does not become a "leading" artist. Culture is something instinctive for him, in that he instinctively avoids mediations, and almost explodes them. In *Ritratto con disegno di Klimt* of 1993, the female figure does not diverge in any way from others that were, at the time, entirely defined. With the addition of the Klimtian drawing, the artist referred, we

might say, to an unease; to an undeciphered malaise not necessarily connected with the introversions of the Austrian artist Kokoschka or even Dix—that is to say, a broader area of psychologically penetrating expressionism—would equally be a comparison to that kind of bitter expectation, both deluded and disappointed, which characterises the portrait, and which had been mature, as we have said, for at least two years. In numerous canvases of 1992, the poetic is fully defined, and numerous paintings are and will remain among his major ones. But already in *Ragazzo seduto* of 1990, nothing remained of the previous formal violence and violent content but a vague vibration of the brush-stroke, a final resistance of the forms to the laws of reality, in the fear (promptly revealed to be groundless) that it could smuggle in the old prison of verisimilitude or the academy.

Two years later in 1992, various portraits are in no way inferior to the small "Klimt" masterpiece such as *Ritratto di Rosanna con fondo azzurro* or *Ritratto di Rosanna.* In addition to being the most intense, due to their human charge, they are also among those rare works which, across the constant background of poorly concealed passion, draw a veil of apparent serenity.

In La Cognata, who has an intrinsically dramatic temperament, the drama is never however flagrant. Figures are painted in domestic poses, resting or in the casual pose of an instamatic camera. But- and here again we find an echo of Pirandello—it is precisely stasis or the indifference of the subject, the anonymous attitude if not the gesture or the movement captured almost furtively, which hide (and reveal) a depth of life where every expectation, every secret fervour, every illusion floats exposed to the imponderable, the more humanly dense, the more fragile and dangerous. Compared not only to *torso feminile* of 1990, but also to the contemporary *Ritratto di mia madre con sedia bianca*, the forms have gone back to a kind of organisation which might be called school or tradition, Nineteenth century for example. La Cognata knows his trade and does not lack a keen eye and a versatile touch. *Ritratto di Rosanna con fondo azzurro* has a firm *impasto*, compact and polished forms, shades and half-shades of great subtlety, sober draperies of an excellent finesse: Lega and Fattori produced similar forms and quality. Yet that portrait by La Cognata represented an evolution compared to his previous painting, which might yet seem at first sight more "modern", and in the repressed and burning passion it contains, which is more than a psychology, a buried anxiety which is ours, made of our own disappointments. What upset the reciprocal figures of only a few years earlier, lacerated in a form of spiritual turmoil, does not go away but creeps in insidiously at the roots, pervading the background, the conjecture of that penetrating and disappointing stare.

But to stay with the figures that are paramount in the world of the Sicilian, other notes emerge from the male figure which, unlike the female figure, is almost always portrayed in a passive attitude. La Cognata portrays women, as well as sitting, immersed in any activity, often the most banal, eating, talking, smoking—activities which appear to act as an alibi or refuge from frustration. At the close of the Sixties in the cycle *Imbarco per Citera*, Vespignani had celebrated the triumph of banality in a kind of riotous triumph of nothingness divided between grotesque excess and derision. The Roman artist interposed between himself and his models a diaphragm which neutralised pity, confuting it indeed with immoderate derision and pushing that banality, though judged, to a level of ostentation and almost gratification. There is nothing of this in La Cognata: his smoking *Figura* of 1994 or *Luisa* of 2001, standing and eating at the party of indifference, are not judged let alone mocked. And if they belong to a humanity whose mere existence is secretly painful, beyond gestures and attitudes, the artist breaks through the screen of circumstantial looks, which fail to hide loneliness, torment, afflictions. The man, on the other hand, if not posing is relaxed, idle or waiting, but his waiting is like the waiting of life, beyond actions or plans or thoughts. Lucien Freud is cited over and again with reference to these male figures. But he is a distant relative: of subject, pose, indolence, perhaps of the brush-stroke and artistic talents. The spirit is totally different. Freud in his youth fostered the trenchancy of sticky echoes inversely proportional to the formal precision, increasingly intriguing and polluting it to the point of mixing the very paste of his paints, echoes which at times spread and prevail; Bacon or Balthus—names which are often suggested by his painting and sometimes his models—might open another broader discussion. But over and above its relation to Freud, La Cognata's poetic lacks that subterranean, insinuating, perverse anguish which in the Englishman doesn't merely disturb, but occasionally destroys every enchantment. The passiveness of the man, his docile or confident or even smiling expectation touch in the Sicilian the climax of human trepidation, defenceless and exposed baring, without a shadow of desperate or lugubrious sensuality.

In 1993 La Cognata went back to Sicily, to Comiso, where he was born and where he still lives. To look at many of his paintings from the previous decade, one can well see that he worked in a context entirely different than the one in which he trained. Between the Sixties and Eighties, such a prehensile artist and above all an artist of such talent had no difficulty in growing and keeping apace in that lively Sicilian city. But in Milan it was completely different. If, in those figures we mentioned, the artist's excellent quality

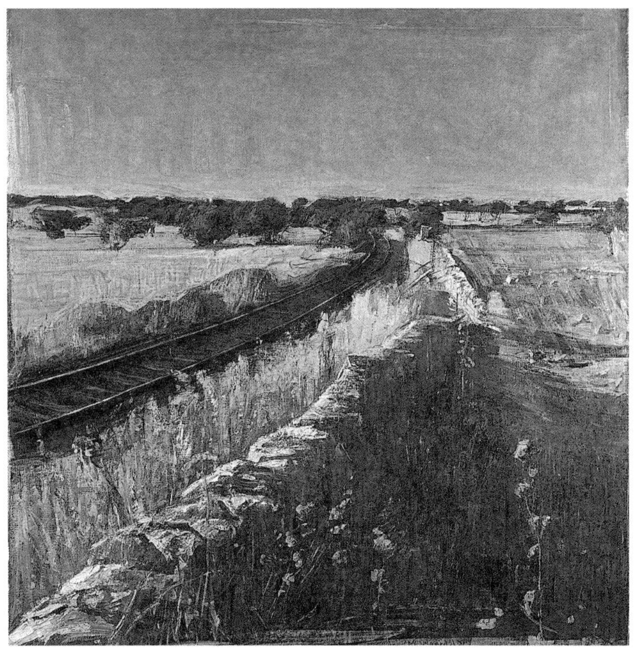

and stature shines through the formal agitation but there is no trace of his rooted culture, the same cannot be said of his landscapes. Some canvases painted during the Milanese period, like the *Paessaggio ibleo bianco* of 1990, *Collina bruciata* of 1988 or *Notturno* of the following year, show—in the same tormented period of work which produced the figure canvases— also and one might say above all the "Sicilian-ness" of the artist: not only due to the fact that the places are recognisable, but also because of the sentiment and emotion those places contain.

But if in the two major themes of La Cognata's work the knots unravel simultaneously, then in the landscapes, something different happens. In more than one picture the shadows recover their composure and brighten up; igniting the yellows and oranges, the plain opens out to often sky-less horizons, as though there were no escape from or evasion of that land and that light. The nagging worry which had chased and chafed the surfaces dissolves. This did not hide the typical features of the Ragusan landscape, while nevertheless enforcing its emphasis of brushstrokes and the hand movements; which instead disappear in *Paesaggio* or in *Paesaggio d'estate* (it is no coincidence they both date from 1990) yielding up perfectly the image's *raison d'être* to the colour, heat of the vast plateaux, the loneliness observed from a great distance, the perspective guidelines laid out in a very human metaphysic.

But La Cognata's poetics are neither lyrical nor idyllic. The tensions and alarms which belong to the artist, just as the soul belongs to the body, could not fail to continue to manifest themselves, and except for those cited—here somewhat vague—informal directions chose first the route of certain rhythmic emphases of the form (not visible, indeed internal to the form itself) which precisely from these, drew deep vibrations and resonance. Among the first superb examples are *La casa tra i carrubi* of 1990 and *Paesaggio con carrubi* of the following year. The first, not very large, canvas is divided into a larval, geometrical, latent structure where verticals and horizontals check a vehement density of *impasto*, which also appears to be a stylistic hypothesis. A mention of Morlotti would not be completely inapt (La Cognata then lived in Milan and the old Artist was still alive), because if the Sicilian lacks the Lombard's moods, this was however the moment in which he offset—and perhaps fought between—a formalistic temptation on the edge of expressionism and the informal, and the irrepressible passion for nature, things, reality. As the latter won out in Morlotti, so would it win out—it had done so already— in La Cognata.

But since then the vision has, if not changed, certainly developed and refined. To sum up the development briefly, one might say that La Cognata has neglected the formal protagonism which, with its uses and abuses, dominated the whole of the century which has just ended. Indeed, understanding its fundamental reasons and needs, he skipped over it to go back to that direct approach with nature which, in various ways, belonged to the Nineteenth century: he knows that the relevance and the stature of an artist depends not on the formal solutions he adopts but on the breadth of his world. The painting—the culture—of La Cognata is anything but Nineteenth century.

Beyond the superficial resemblance to landscapes painted ten years ago, with today the path trodden is neither short nor unvaried. At the beginning of the decade he experimented with both the vaguely rhythmical formal syntheses cited and the marked but calibrated chromatic sparks (which in *Paesaggio con carrubi* of 1991 verge on *fauve* memories). At the same time however, and for some years more, in many images the painter punished the vehemence of the palette and—in many velvety, modulated night scenes, or opalescent evening shadows—his brush became more sensual as did the forms, almost an unconscious legacy of many Guccioni images, which as Guttuso once found, bewitched not a few painters and not only Sicilians. But as happy as these results were, they were merely episodes in his work, or rather in the preparatory stages of his work—which reached a point of perfect balance and of great intensity a little before the middle of the decade. In a group of Hyblaean landscapes of 1993 the vision, still in a good measure different from today's, unfolds however in superb fullness. Apart from where those paintings were done (it is the year of his definitive return to Sicily) La Cognata finds that there are not only complete satisfaction and an answer, but the very *raison d'être* of his painting: the immersion of himself in a landscape that he loves like himself, the great distances, the endless silent horizons, the trees, the walls, the stones. Neither folklore nor anecdotes spoil the images. The soul abandons itself to the apparent inertia of things, but in reality to a depth of life where to the loneliness and silences, to the motionless quiet, to the meditations on being, latent chaos and dramas tacitly relate and adapt.

In the superb group of canvases we referred to, the spaces , the things, the distances, rather than the inhabitants or the protagonists form the landscape: from a vast *Paesaggio* of 1993 with the unusual pale blue distances in addition to the hot, dry tones of the plane, to a contemporary *Paesaggio con carrubo* with more varied presences, more mobile lights, one might say echoes and expectations, but equally boundless solitude. There are no people or animals to be seen in this district, though it is teeming with life; a distant house suggests neither sound nor movement but , like the low stone walls, is just a splash of light or shade. The absence of human figures is a key which should not be neglected; the carobs that are sparse or lined up in broken rows, the stubble with an inclination towards the sun or the damp earth, the long perspectives marked by low boundary walls, dusty paths, and electric poles, create a narrative texture with a homogenous pace, and the same slow breath. When in 1995 a dog seen from behind and without any compositional intrusiveness comes into the foreground of a large *Paesaggio*, the sense of the image changes. La Cognata has no taste for the sketch; one smells the scent of the animal and almost hears it growl, one fears its ferocity, even though the hills, the trees, the house on the horizon and the very slow turning of the plain towards the cobalt strip of sky are a long way away from it. However, to be schematic, one might say that the vast *Paesaggio* with dog of 1995 is the first indication of a change to the figures of the landscape, which coincides with the progressive change of his entire poetic.

Up to that moment, La Cognata had reserved a greater complexity of contents for his figures. Detached from the emphasis of content over form, he remains all the same detached from the mere pleasure of *la bella pittura*: he who indeed though possessing extraordinary talents, sacrifices them on the altar of essentiality. When three years later he paints some of the canvases from the *Figura nel paesaggio* series, the landscape is no longer the same, and it might be better to say "outside figure" as what remains of nature is reduced, to a greater and lesser extent, to the mere projection of the figure. Already *Casa rossa sulla collina* of 1997 was very different from previous landscapes: for the sweeping fields and the plunge, a kind of intense human industry was substituted, as substantially contemplative as it was anxious and full of preoccupation. Houses, farm buildings, innumerable low walls to divide and mark the various tilled fields, offer themselves to an efficient orchestration of lights and shadows, to the majestic scene seen from above, to the mute dialogues of the perspectives, the curves, the distances—and the previous silent pensiveness is ended with the prevalence of a masked dynamism. But when in the canvases of 1998 the figure is declared to be the irrefutable protagonist, the imposed dynamism is all interior and so predominant as to reduce the landscape to just-visible lines, houses or paths on the horizon, narrative traces however surpassed by the much more significant commotion of the brush-stroke.

If in La Cognata's portraits and figures the gaze of the portrayed figure has always played, as in all traditional portraiture, a fundamental role, it is significant that this is completely lacking in some of the better canvases of "figure nel paesaggio", two of which were exhibited in May 2001 at Acqui Terme. It is not so much that the artist renounces the most penetrating instrument—the gaze—to reach and achieve the sense of image: in those paintings it is rather the sense of the image which changes.

To the missing face, hidden by the movement of the head, corresponds the lack of the usually recognised characteristics of landscape, and instead we have the rhythm of the brush surging like a charge on horseback, or like a violent rainstorm. The searing light becomes painful so that the very figure, bent over, suffers from it and the shadows harden, engulfing the half light in which La Cognata is expert. He does not neglect finesse or subtle transitions but the brush, rather than giving the stubble

or the fallen stalks substance, peremptorily affirms itself and its internal furore, just as Van Gogh's brush did in a completely different context. Rather than a change of approach to the landscape or figure, almost assimilated and imbued with each other, it is the whole vision which becomes increasingly dramatic. In the same year—1998—a small landscape with no features apart from low walls, stones, and the usual carobs, has fresh notes, which do not lack a rough enforceable vehemence and cursory nature—though very expert—of a clearly emotive stamp. If we then compare the works of the last few years, *Paesaggio*, *Paesaggio e muro*, *Paesaggio con ferrovia*, *Paesaggio di fine luglio* to works of previous years, for example *Paesaggio* or *Paesaggio a Donnafugata* both dating from 1993, we will see that the walls and streets cut like an open wound the once uniform plane where the light flooded without any obstacles, modulating the yellows and the oranges. Today they are signs of a nature which is wounded, suffering, but from a pain which does not turn to melancholy or memory or beyond, like when La Cognata's approach remained in a way contemplative, though it is a pain which is the very essence of nature—the nature of the world. This substance infuses not the surface but the whole fibre of reality and can ignore the impetuousness of the gesture or other linguistic stresses. It is a fundamental choice of remaining true to oneself which one comes across for example in *Cava di Comiso* painted between 1999 and 2000. The title recalls Cezanne's Bibémus, but only the title, precisely to emphasise the bypassing on the part of the Sicilian, of any hypothesis of linguistic experimentation, which had begun for the whole of modernity with the Provencal giant (but that is another story).

If one might recall a name in order to better understand La Cognata's painting—from the diversity of poetics and culture—it would be again that of

Morlotti. Morlotti too, after his Picassoesque debut, was influenced by the informal climate, though one might say not as a linguistic quest but as an inescapable condition of life. But in him has always prevailed, and this was the profound sense of his art, an immersion in nature which one might call consubstantial. This is exactly what happens to the Sicilian with the differences we have already mentioned. In *Cava di Comiso*, the reference to Morlotti is indirect but in *Paesaggio* of 2001 it goes beyond even the previous basic motivations, punishing those features of the Sicilian and Ragusan landscape which are almost its stigmata, and transforming them in the darkness of the sketch, in the intensity of the colour, and the enthralling vehemence of the brush. The not far-fetched recollections of such painters as Courbet, is more arduous, as in a *Paesaggio* of two years before, in which a carob rose up majestically at the centre of the canvas. The same could be said of Italian (perhaps Tuscan) memories, for example in *Paesaggio di fine luglio*, with the same carob blocking the lunge of the small road, the baking intensity of the sun, and the rags of shadow which writhe like wounded beasts.

Does anything change if we move from the landscape of fields to an urban landscape? If anything, it stresses the agility of the artist in exalting the centrality of light and shade, there where narrative description might develop instead. La Cognata's eye sees all and his touch is versatile; but here even more so than in the Ragusan countryside, he controls the abundance of details concentrating on the dialogue between light and shade, through which every narration travels. The interest in the city, so often his own Comiso, has grown in the last few years taking the agitated chiaroscuro relationships to an emotional pitch. Sometimes particular monuments appear to be protagonists, like the Baroque portal in *Strade di Comiso*; sometimes a choice appears to be involved, which is populist in its way, like the shanty-town, almost a dump, of the great *Periferia di Comiso*; sometimes again the choice of monument, though declared in the title—in the great *Palazzo di Comiso al tramonto*, in *Palazzo barocco*—submits to the dominant role of the chromatic, and above all, light contrasts. It is always not the eye, however, but the soul which is involved. La Cognata's city is not an amiable place—not like the suburbs where rather than from the abandoned trash cans, junk, and evident misery, the squalor stems from the coldness of a pitiless objectivity; from a crude light that does not envelop and warm but that flaunts and exposes. And neither are its buildings amiable if what they offer to the grazing rays of sunset, poised to fall onto the street below, is rather an impassioned commotion of rhythms, anxieties and suspicions.

The hypothetical inhabitants of these inhospitable scenarios in which life presses mutely, buried, and stormily, are not the nudes of 1993. Among this worn-out architecture there is not the disillusioned expectation of *Studio per ritratto di Tonino C.* nor *Uomo con il cane*, but the tragic *Studio per figura nel giardino* of 1999, which harbours one knows not what Baconian legacy. And beyond the suburbs, you no longer find the compact foliage of the carobs of the past, shady intervals in the open and vibrating light, or reverberating swarm; you come across the split trunk of the *Grande carrubo* of 2000 under the tumultuous leafy branches, mutinous victims of an enemy which the wind does nothing but adapt to. The latter La Cognata is the most dramatic; he has followed up the gathered intensity of the *adagio un poco mosso* with *vivace con fuoco*. There are still many movements, but the peak of expression—apart from variations to come was already reached some time ago.

Opere/Works

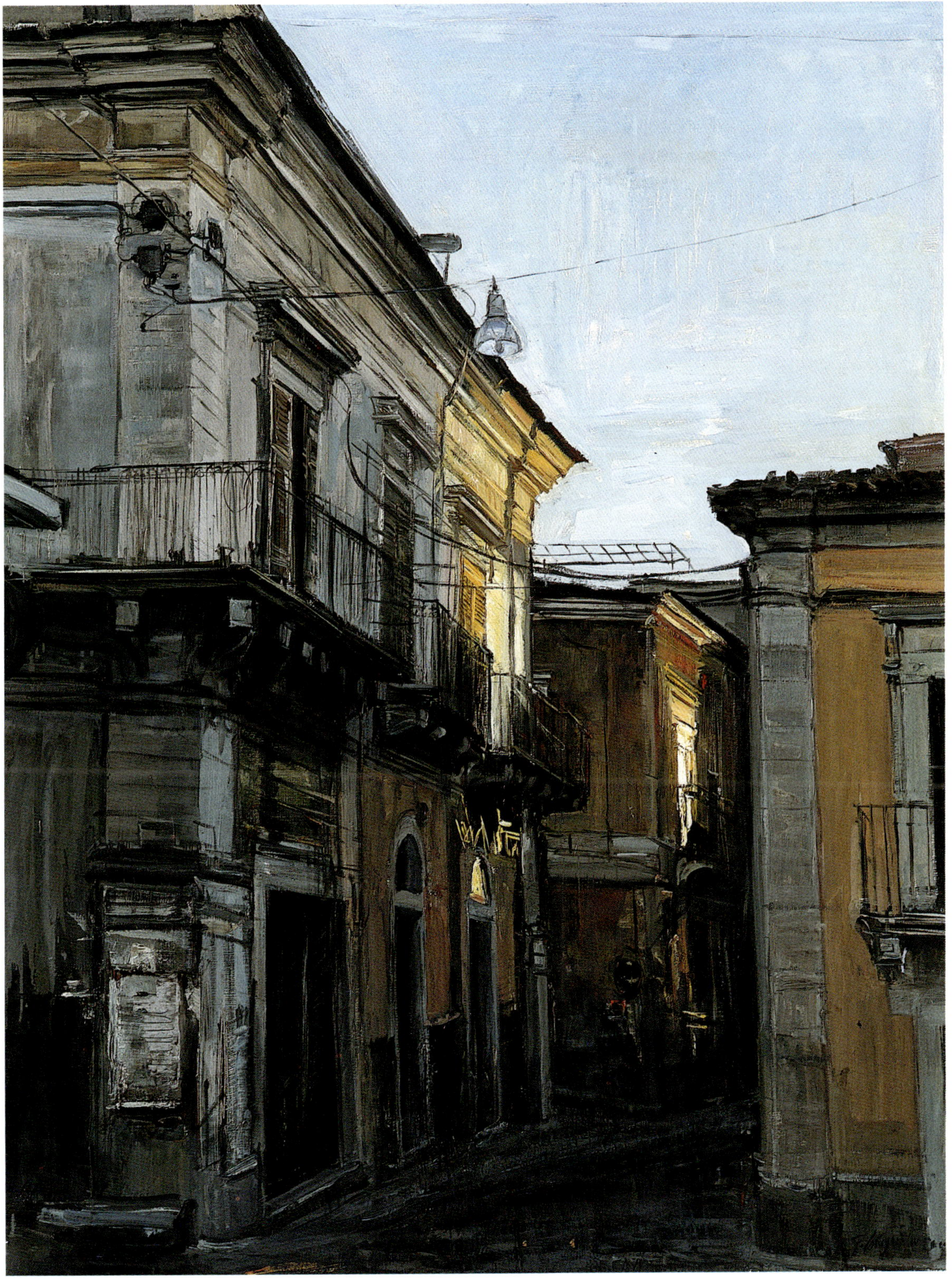

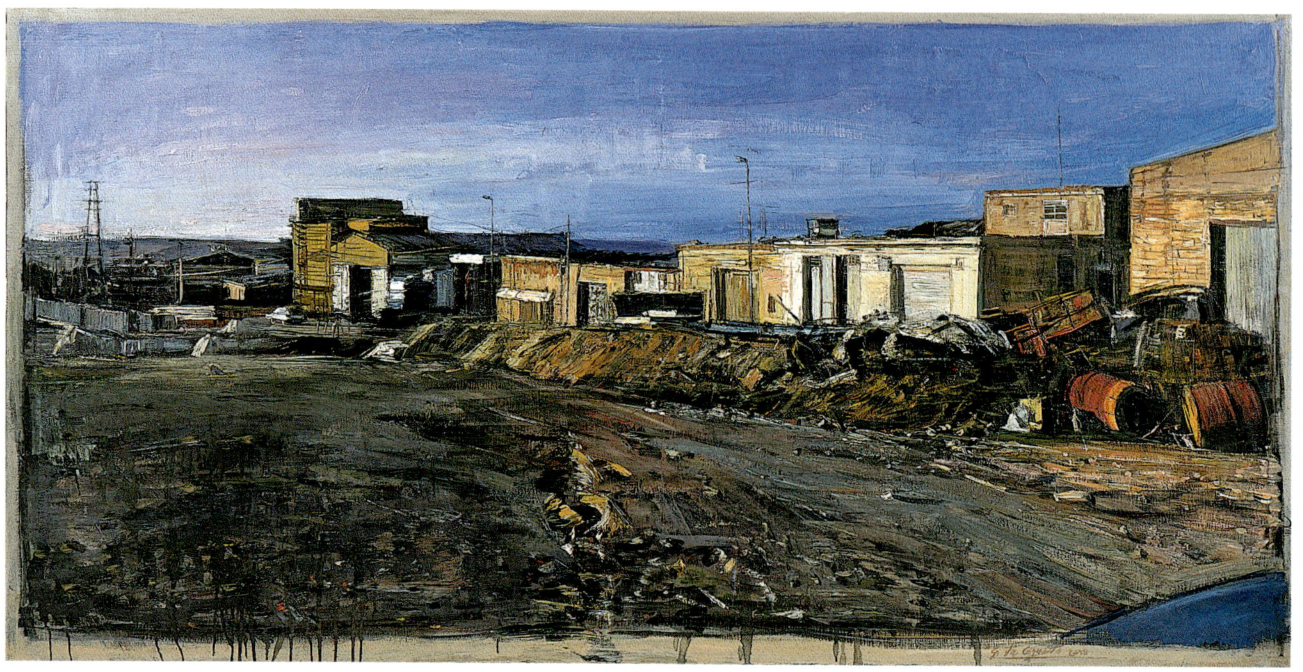

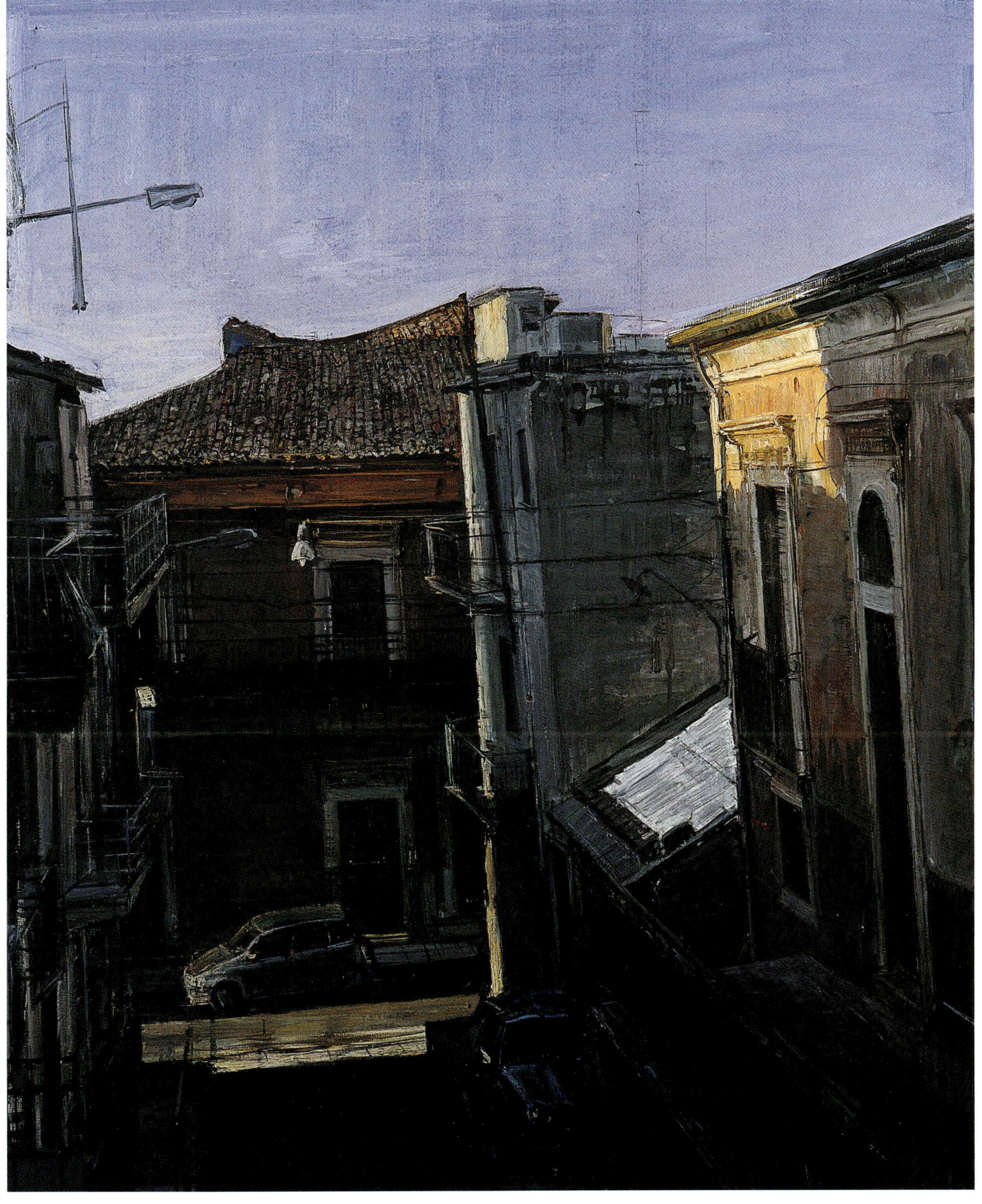

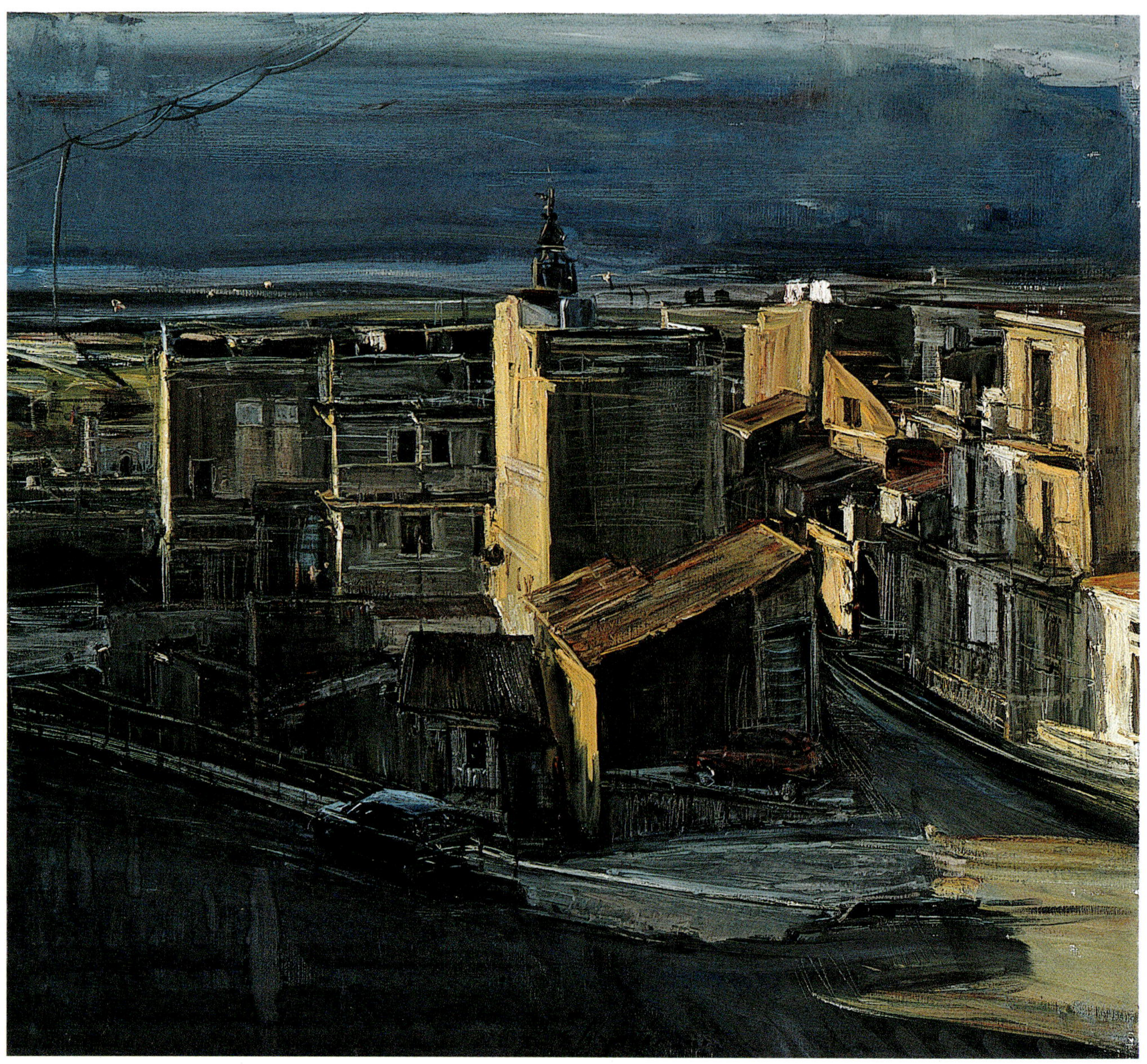

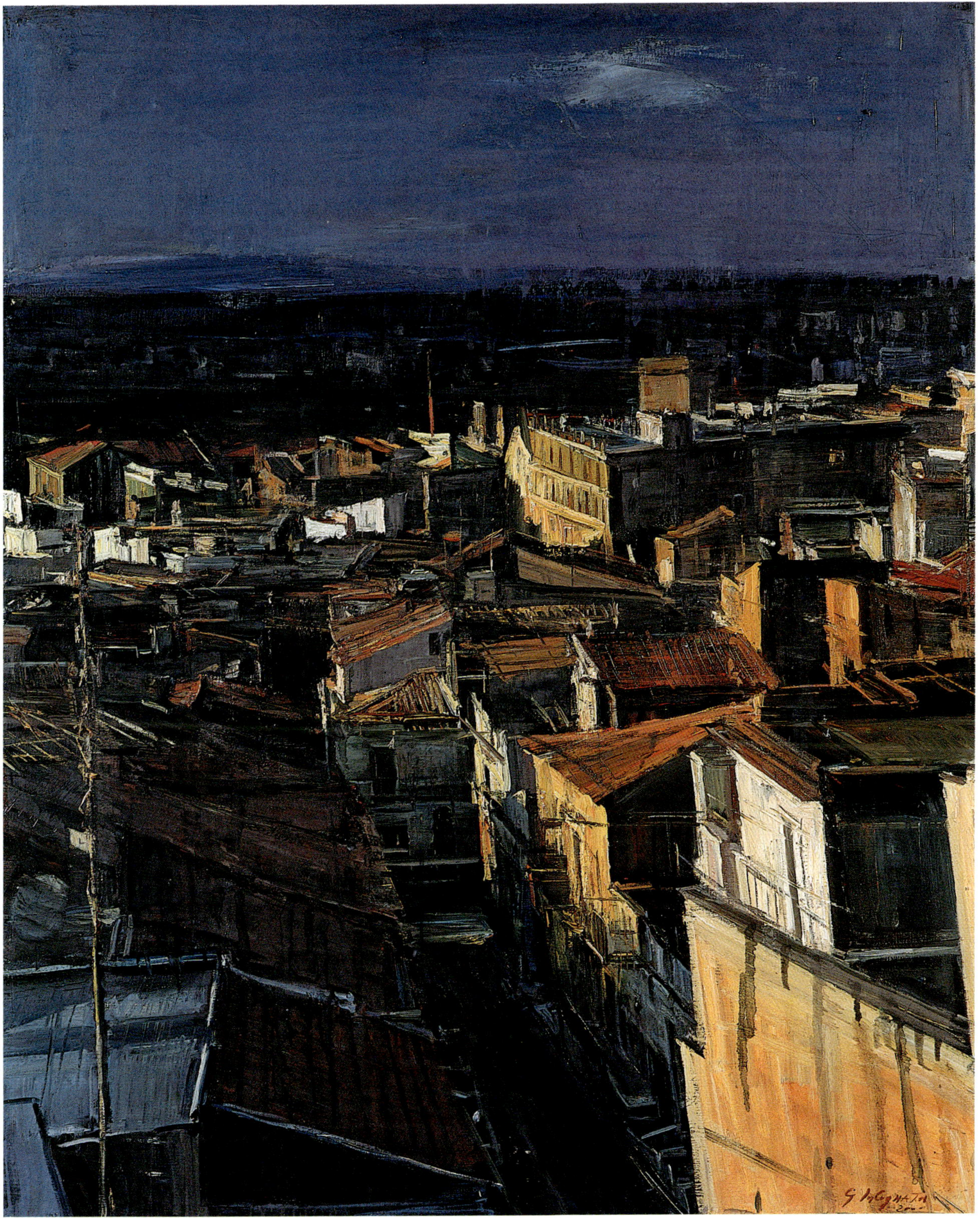

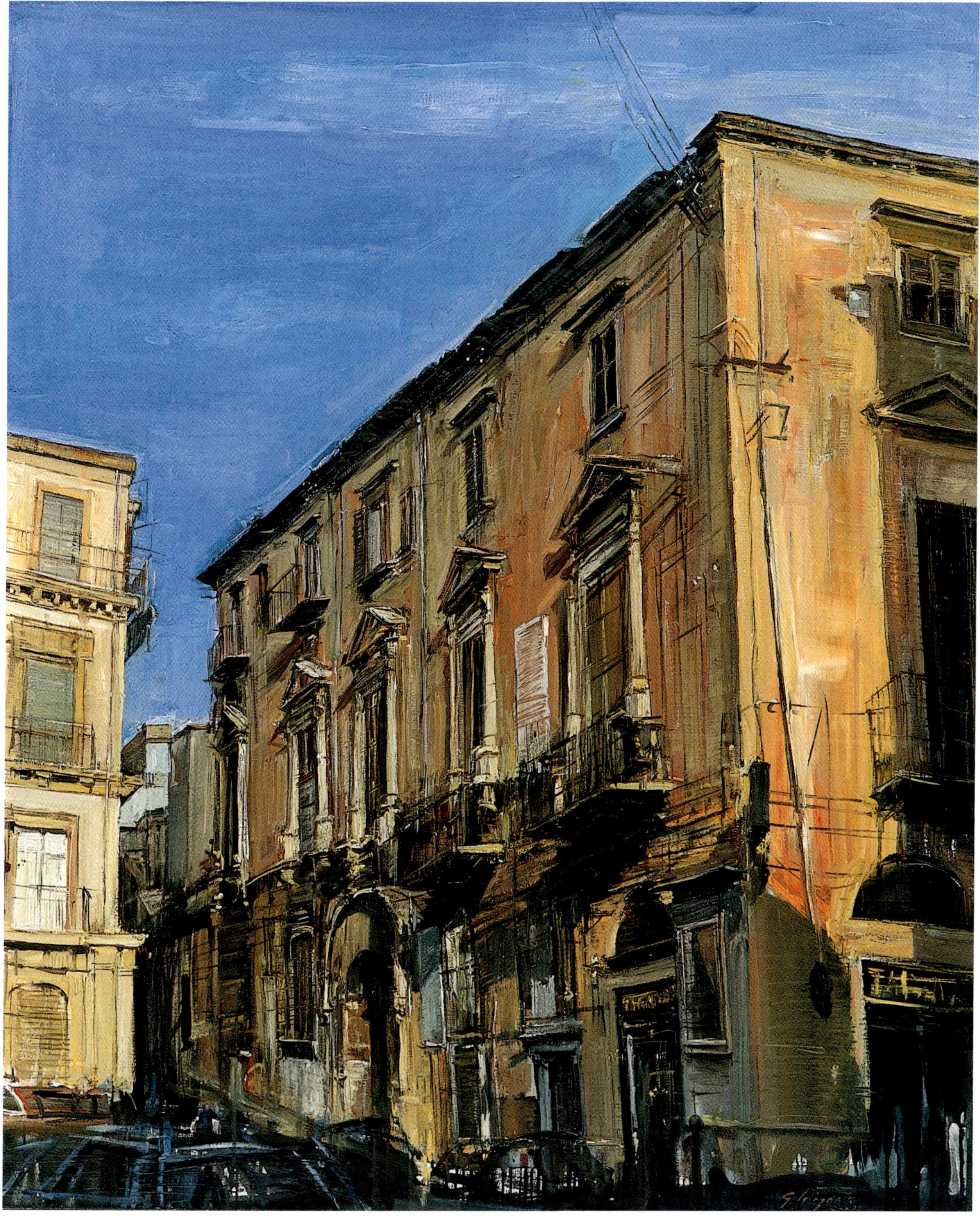

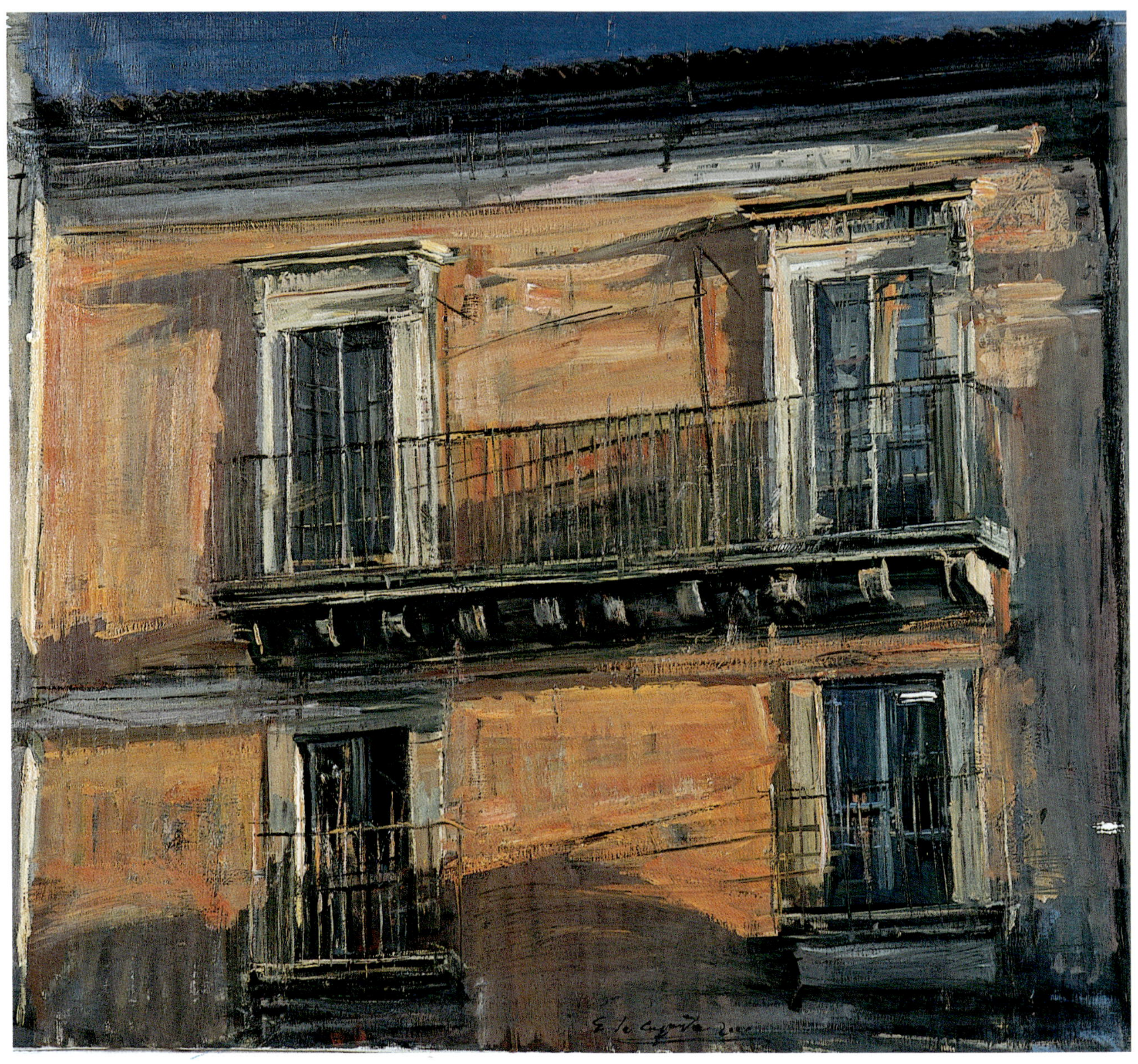

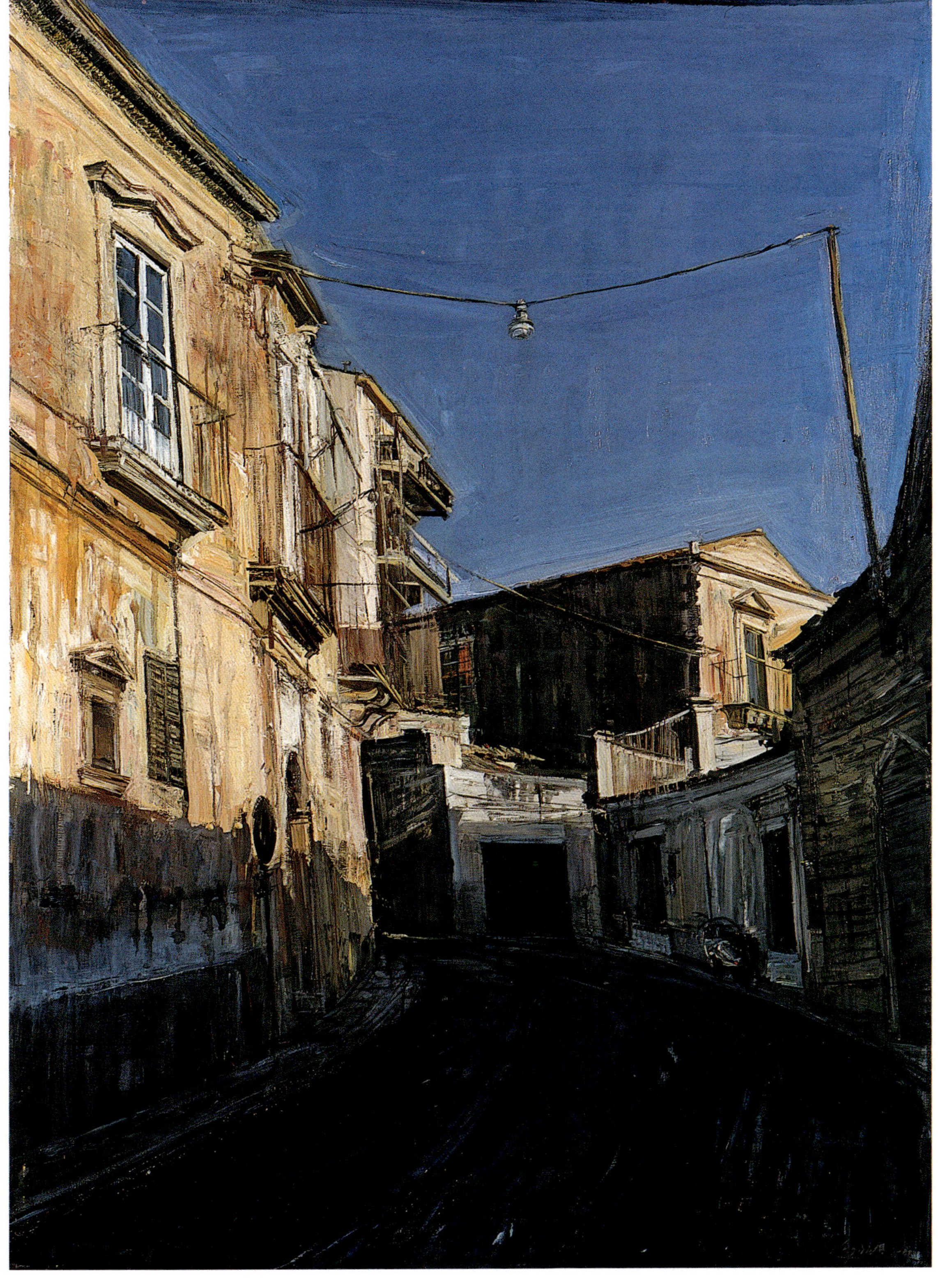

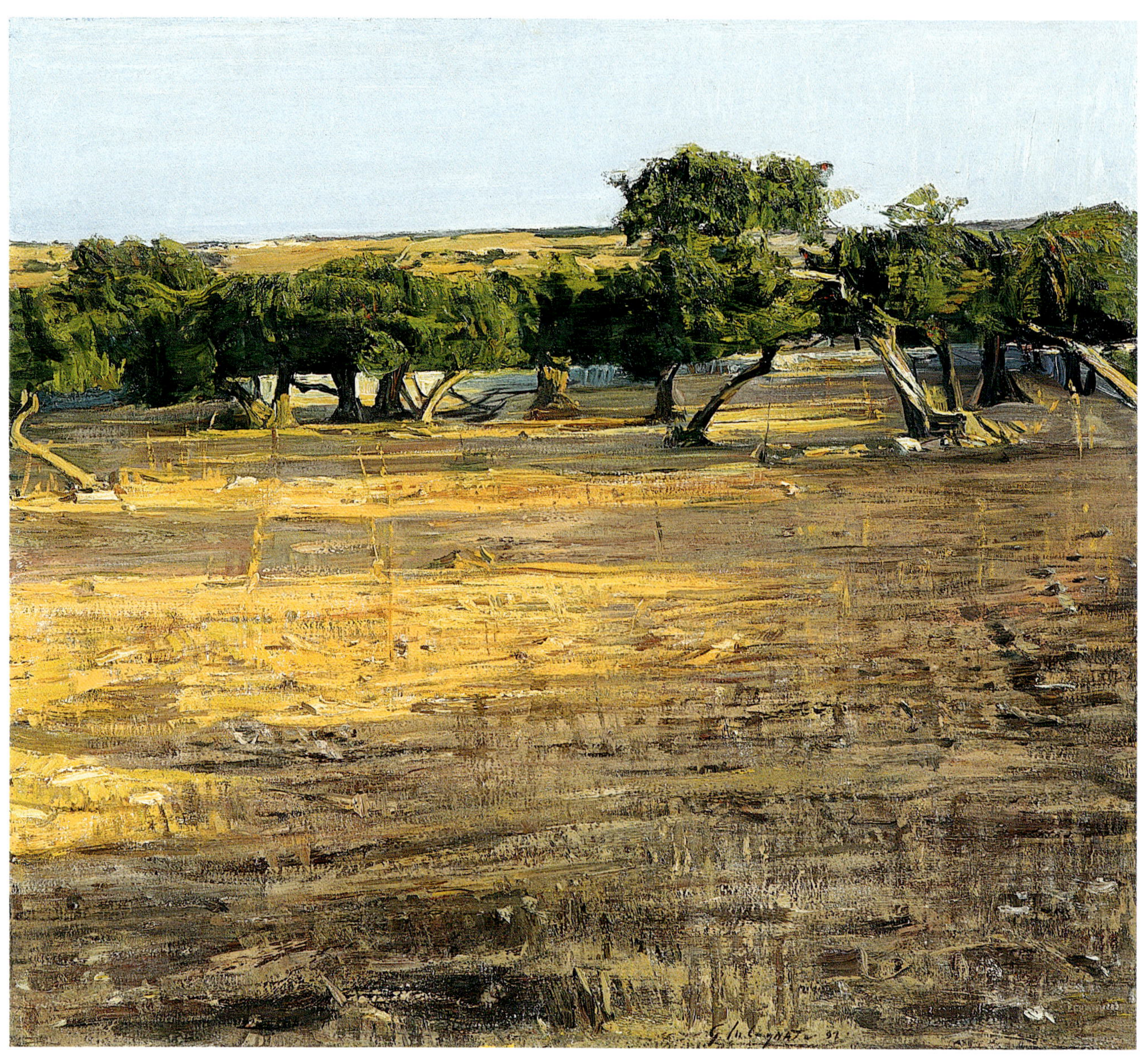

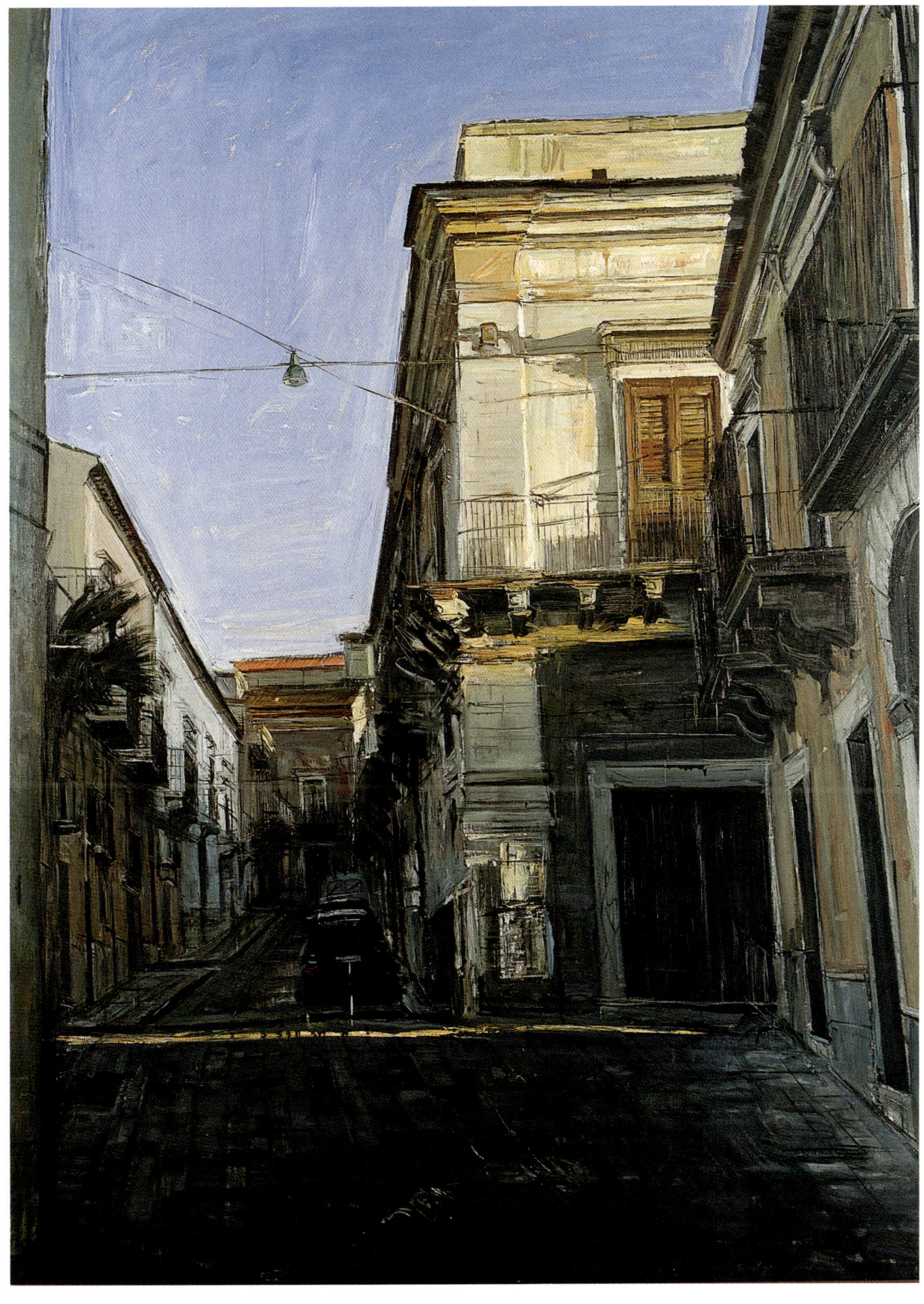

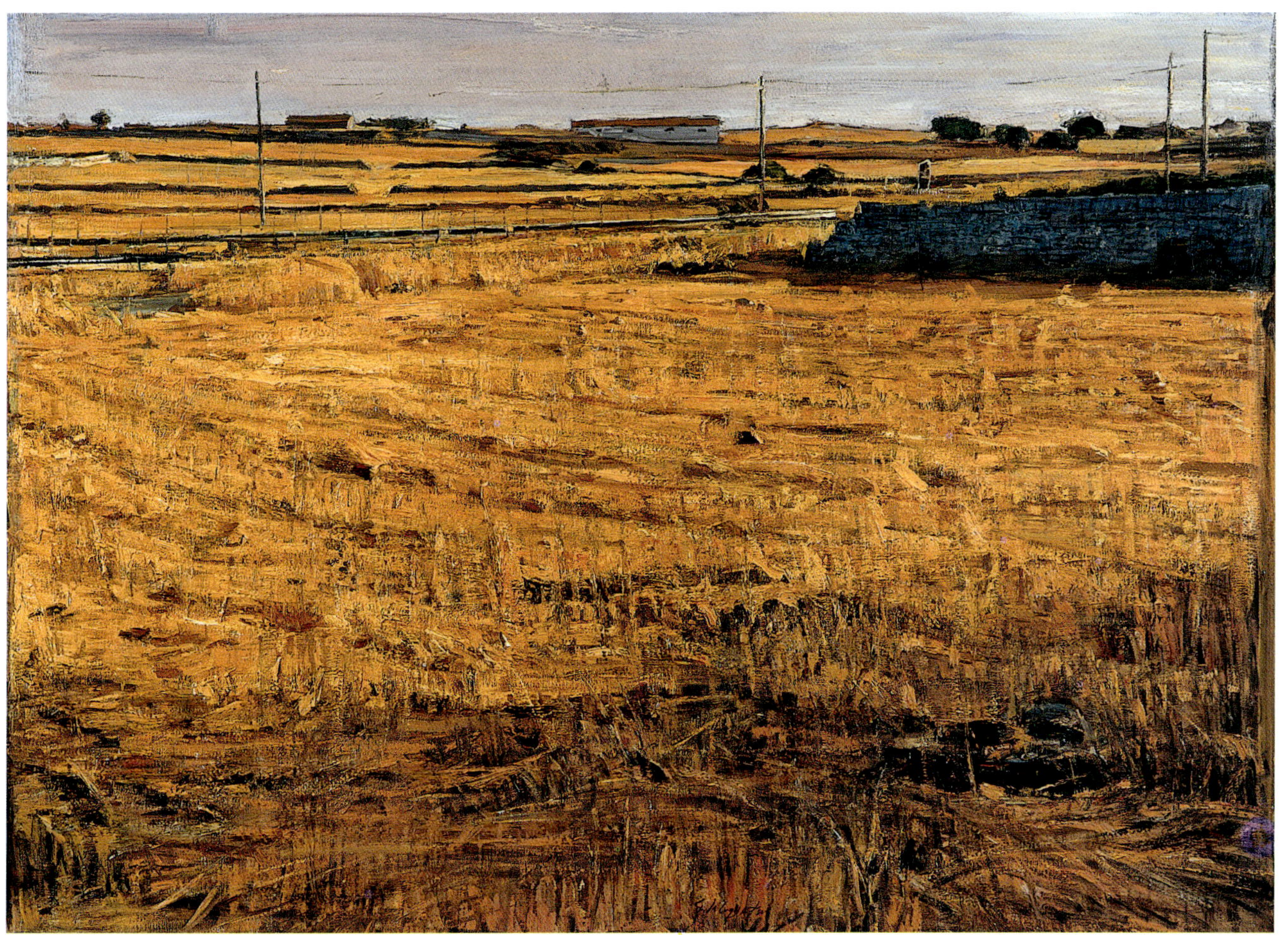

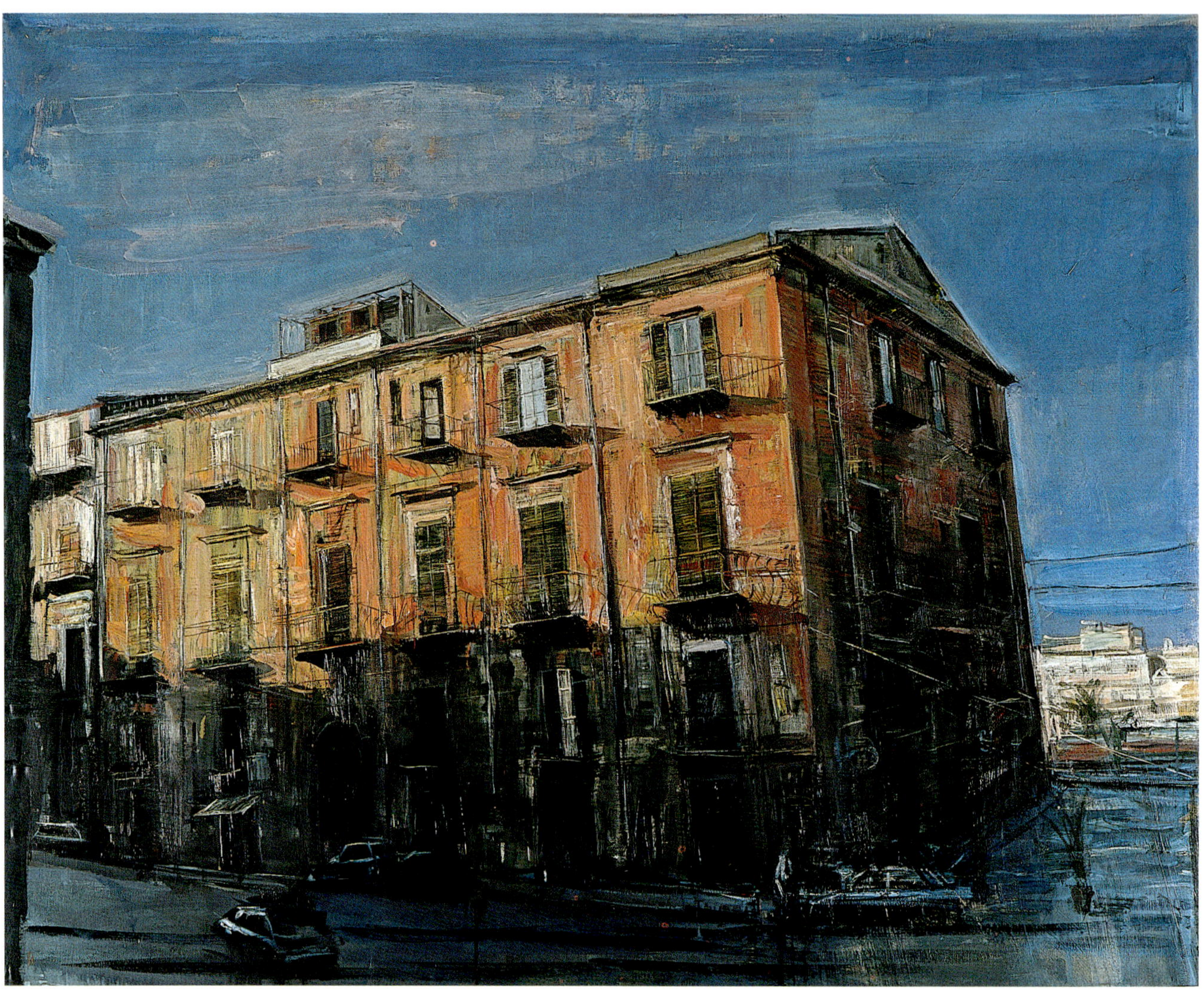

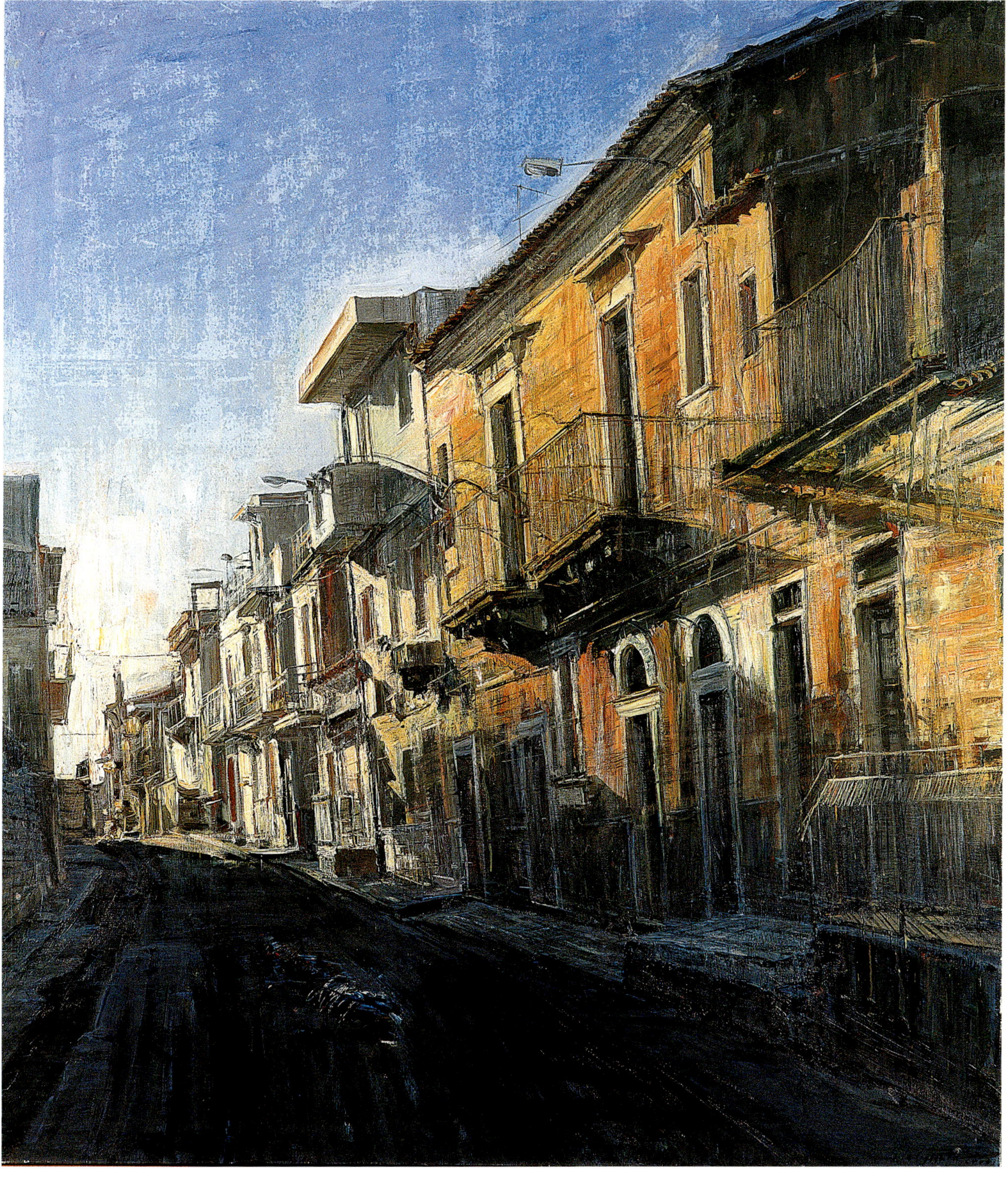

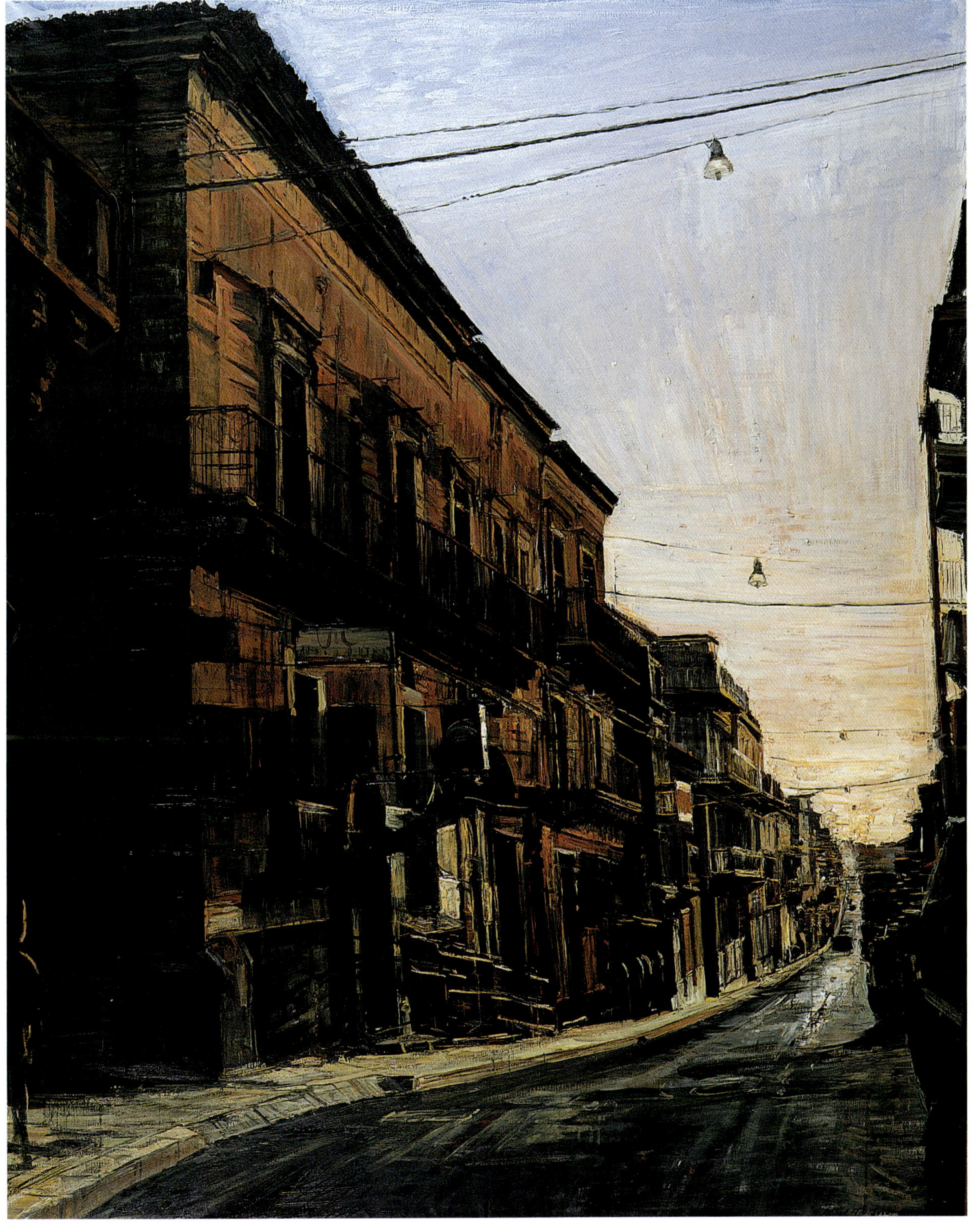

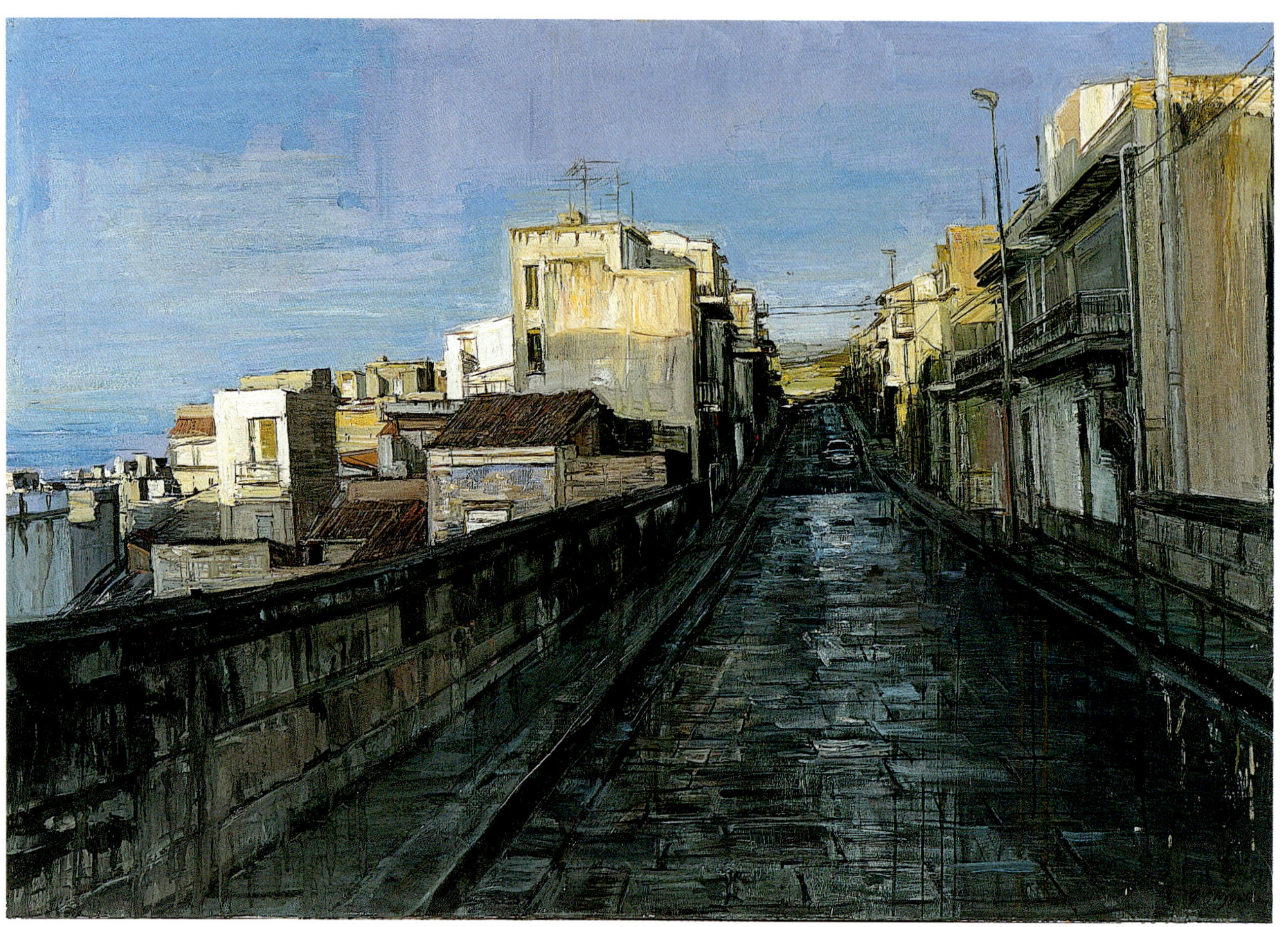

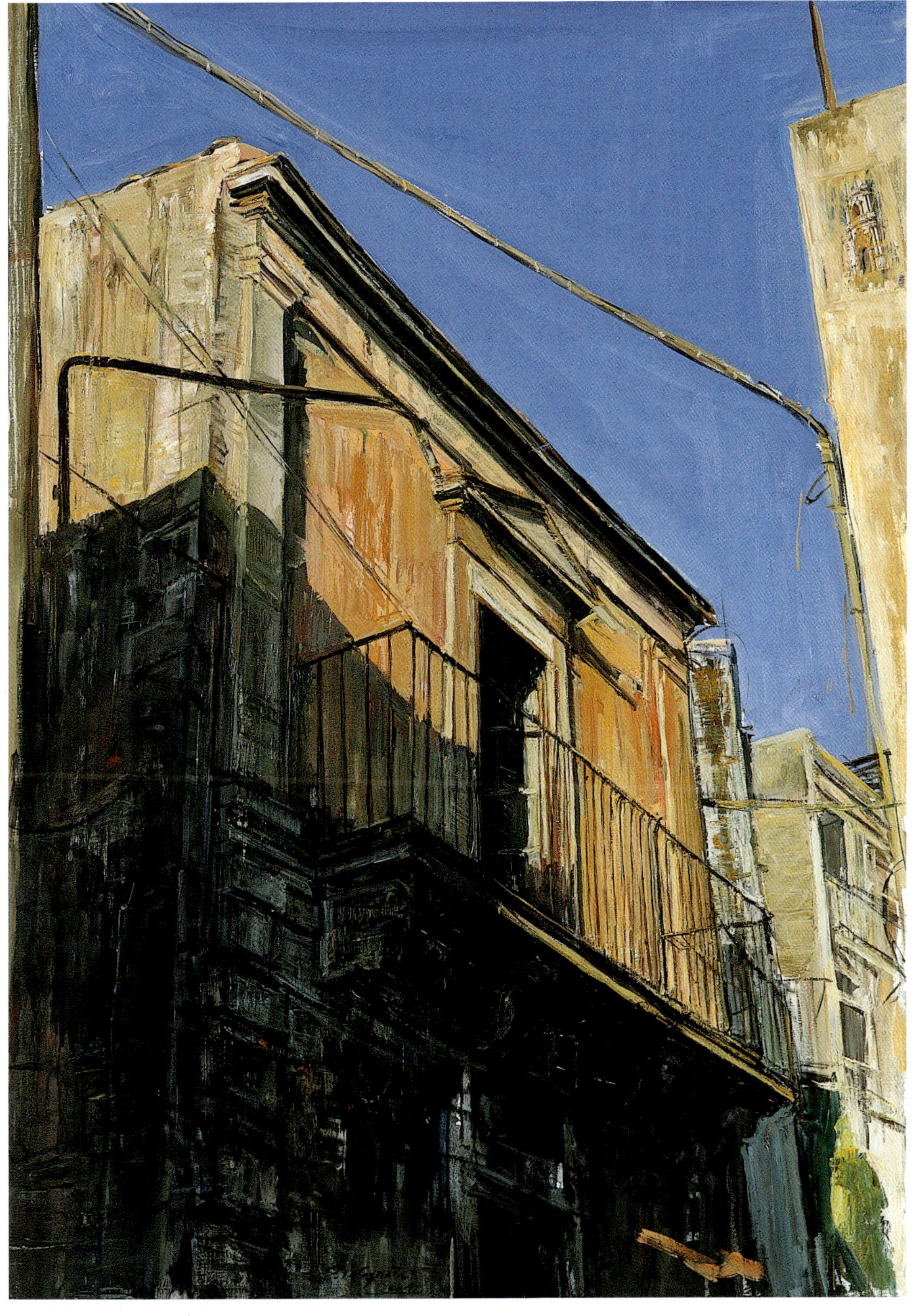

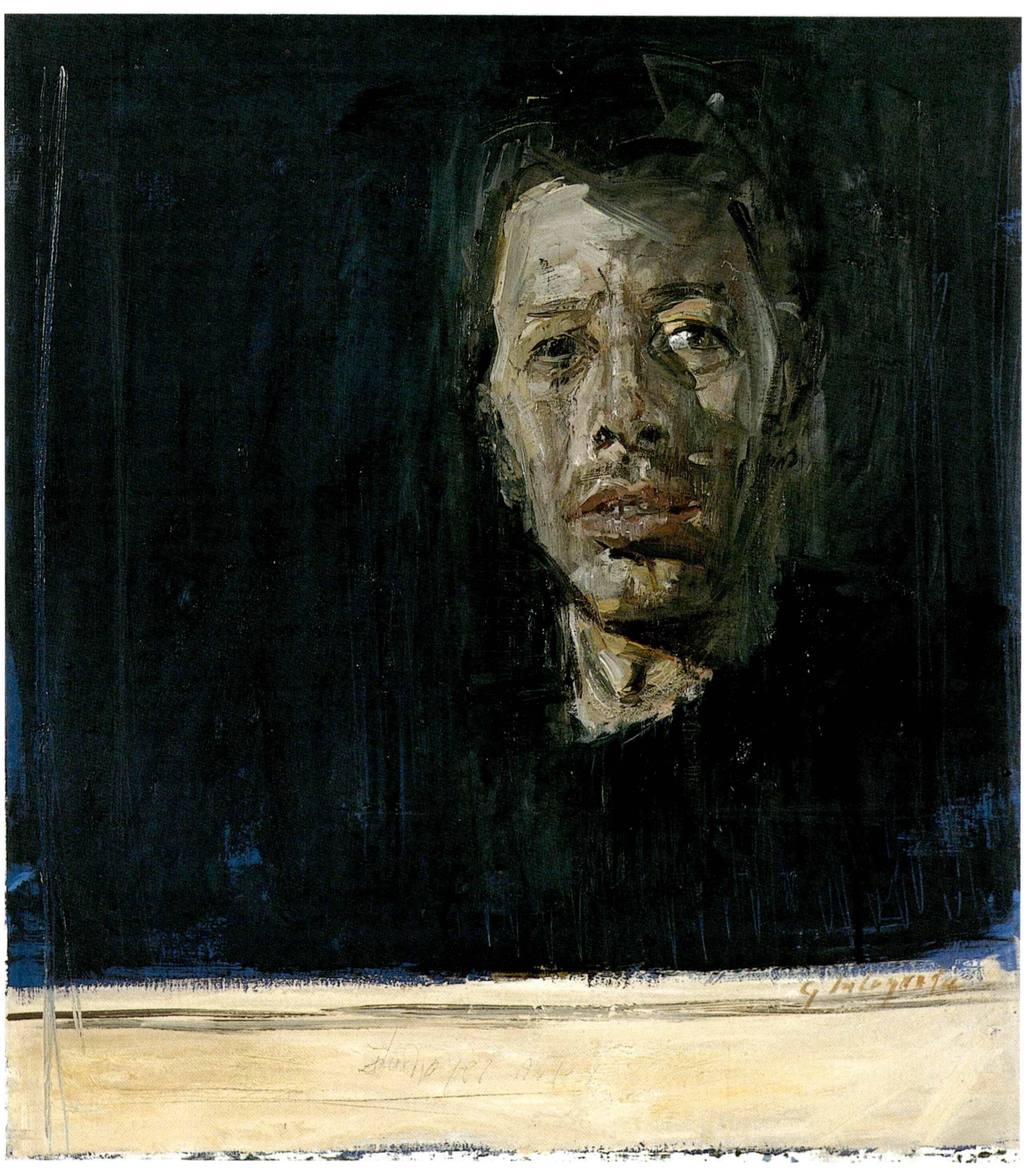

Figura notturna 1996

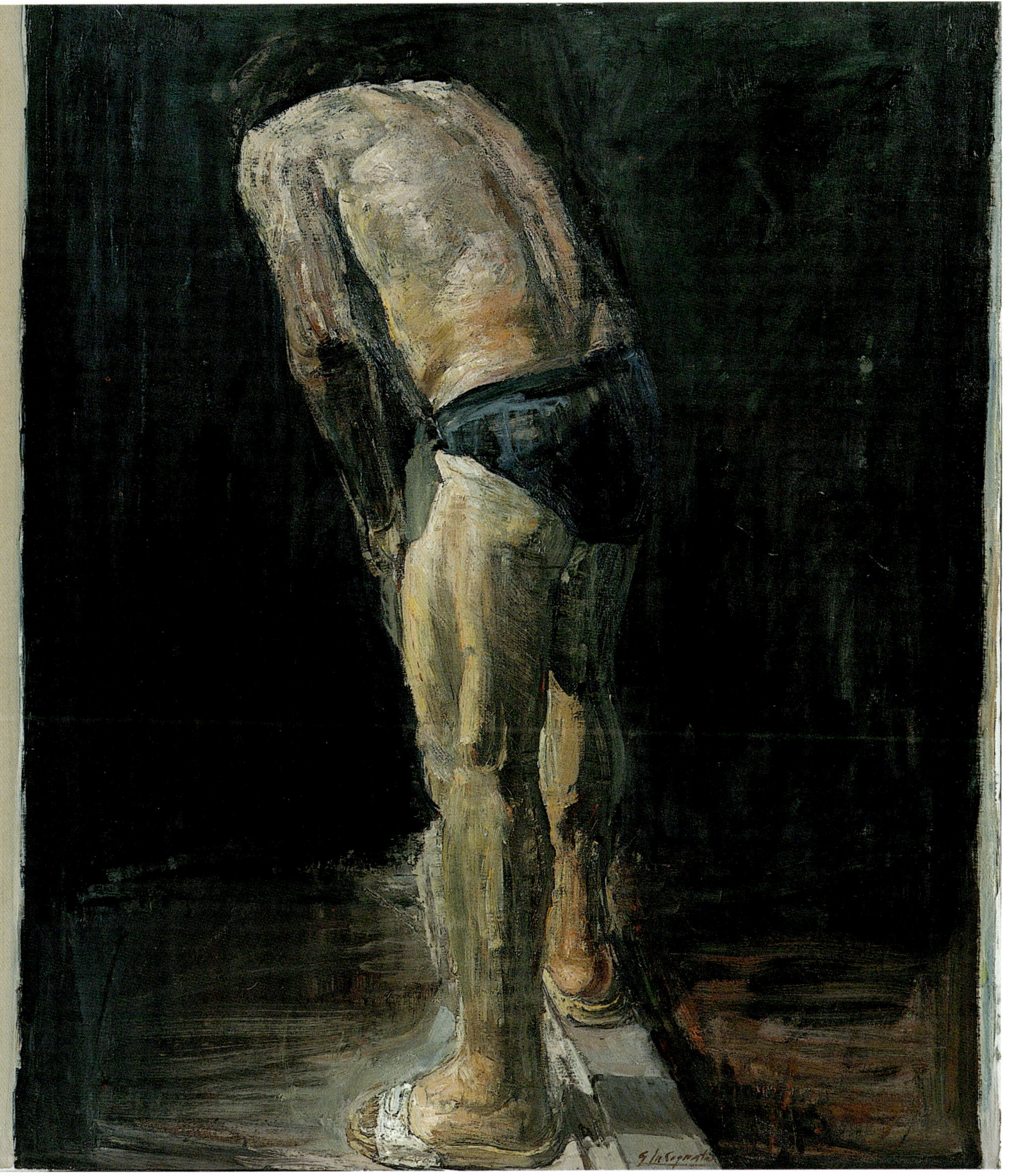

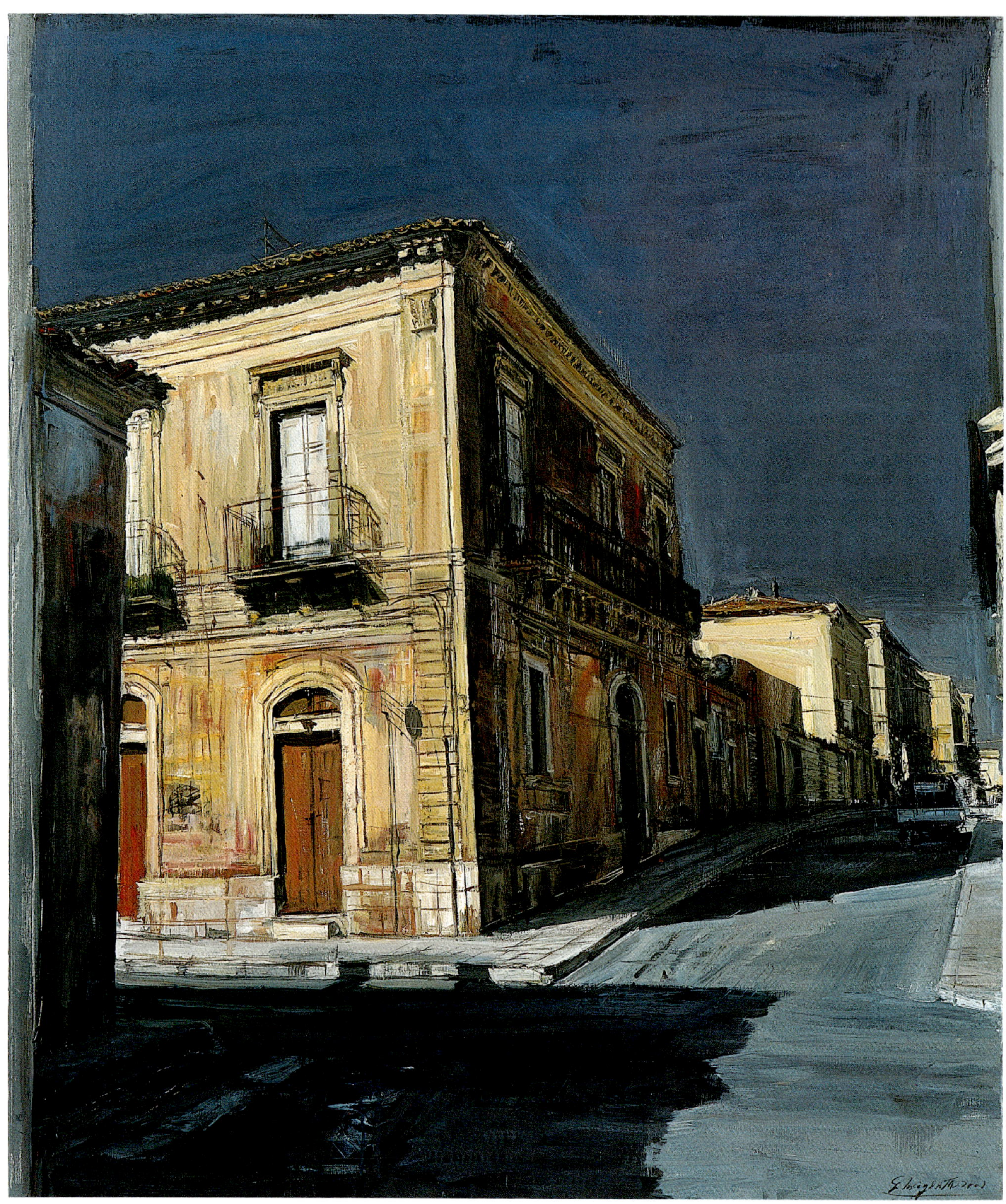

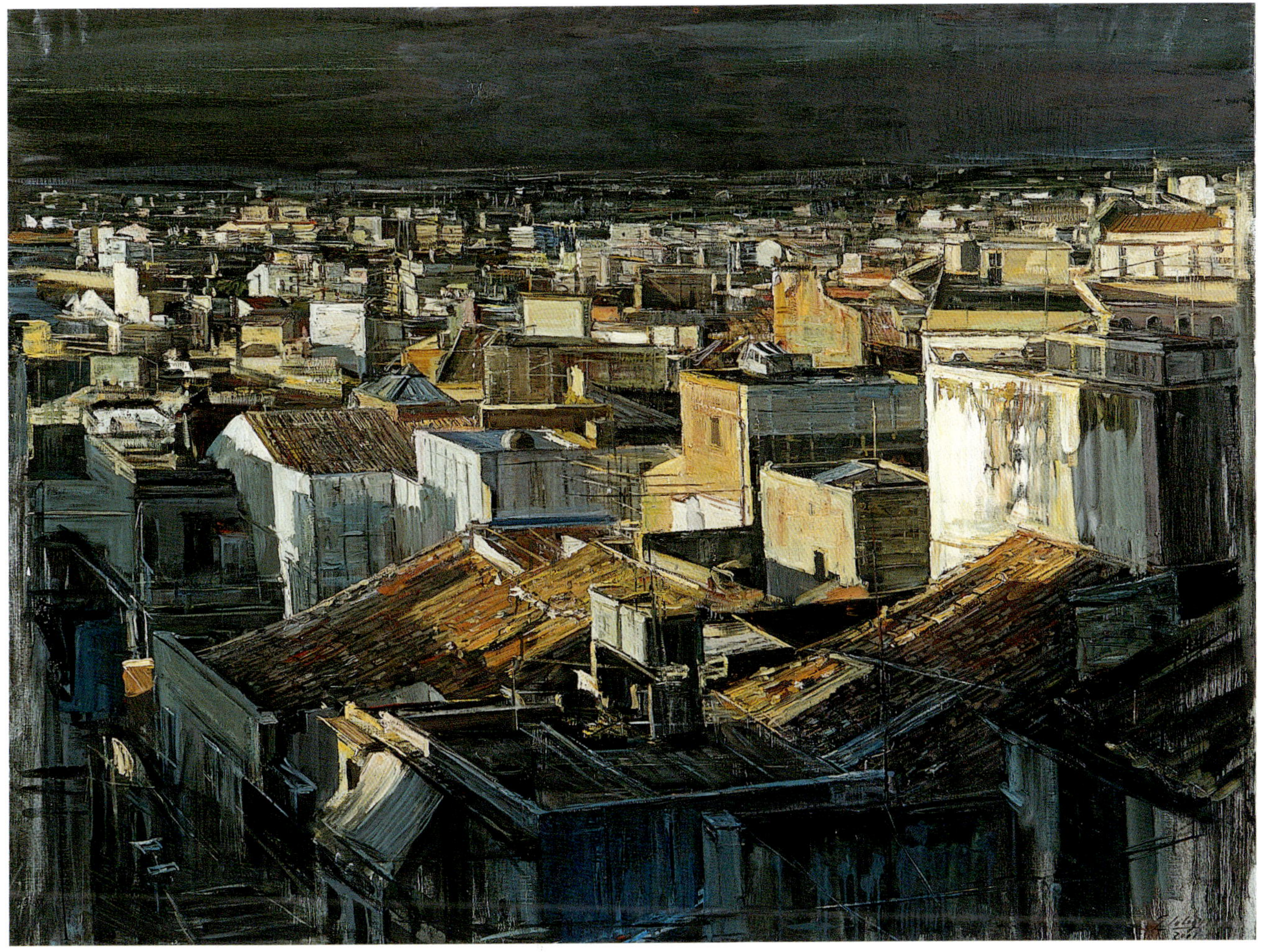

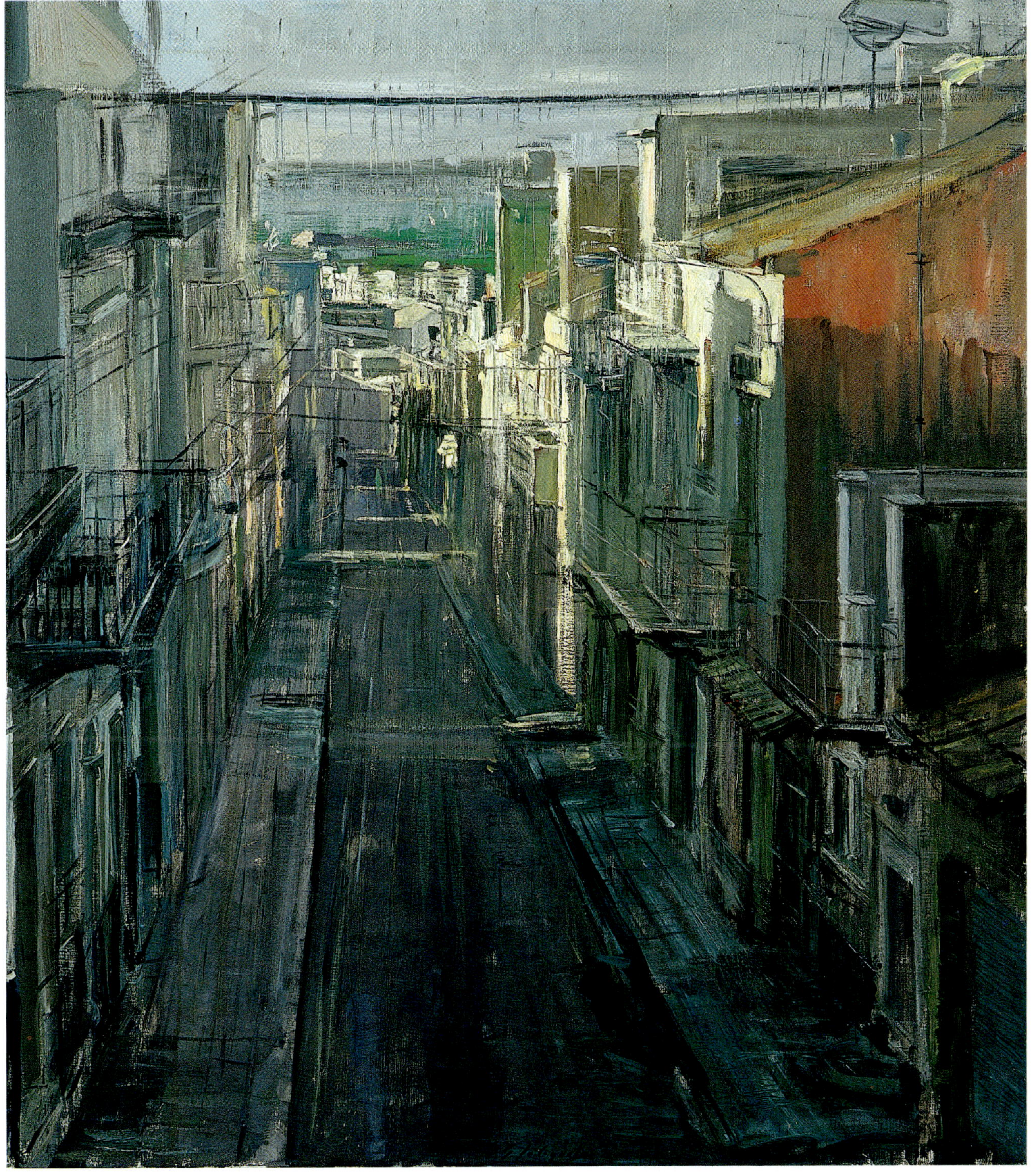

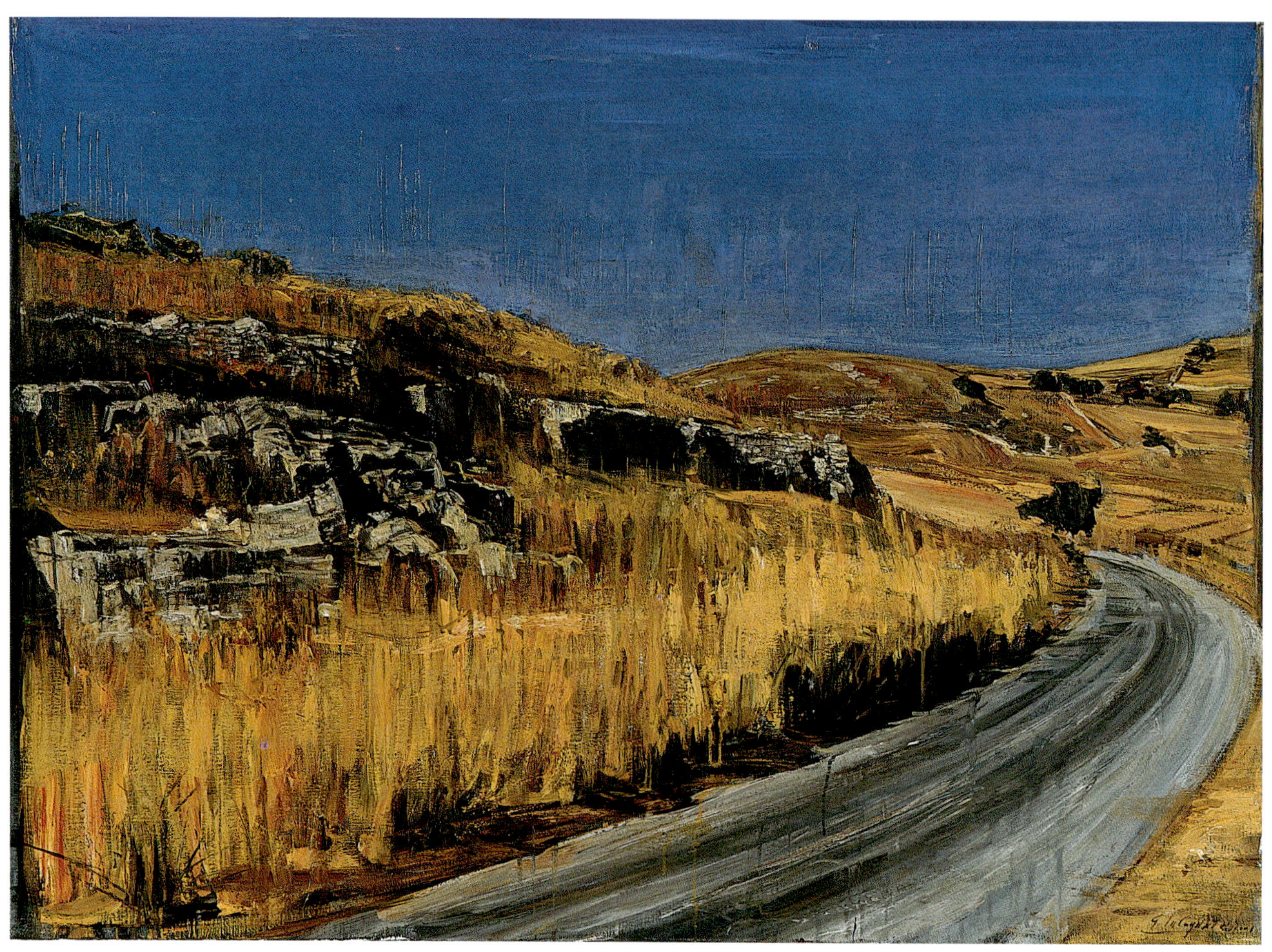

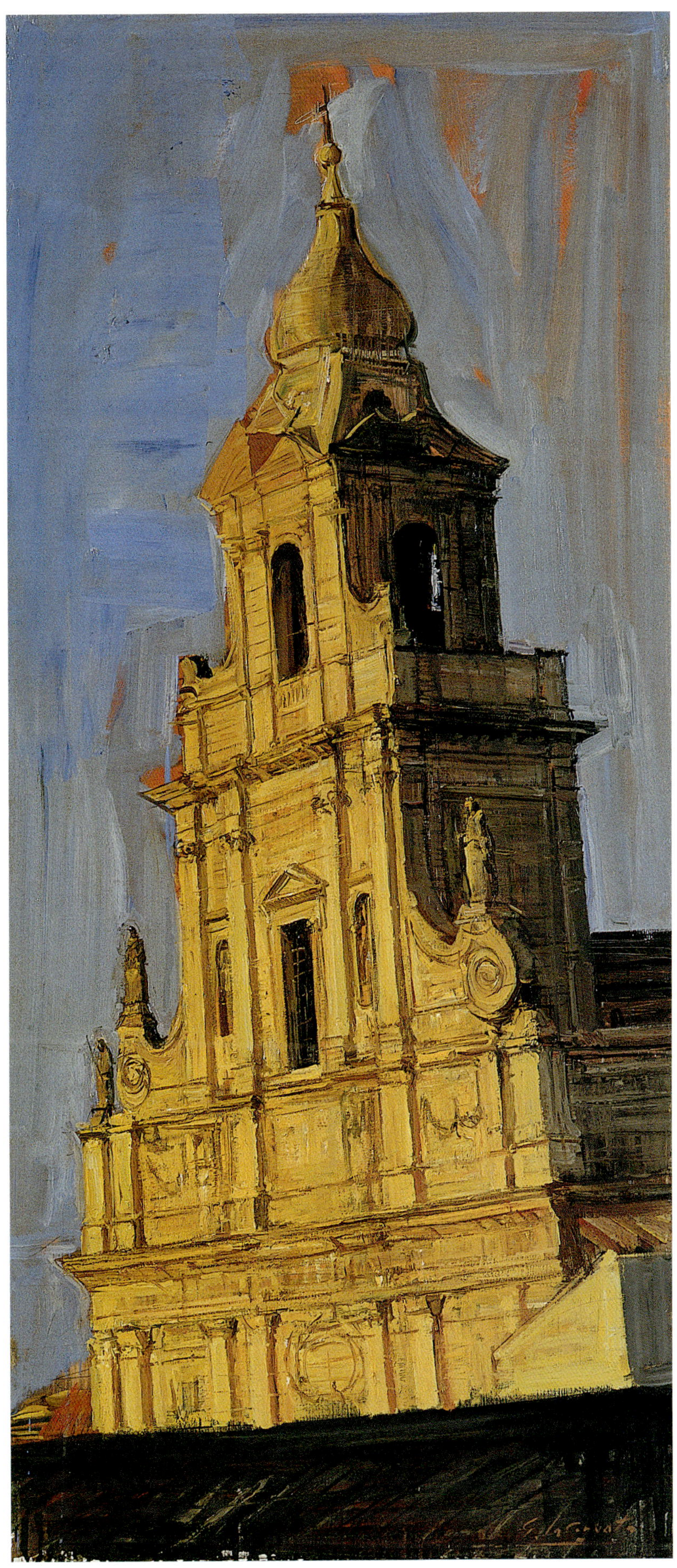

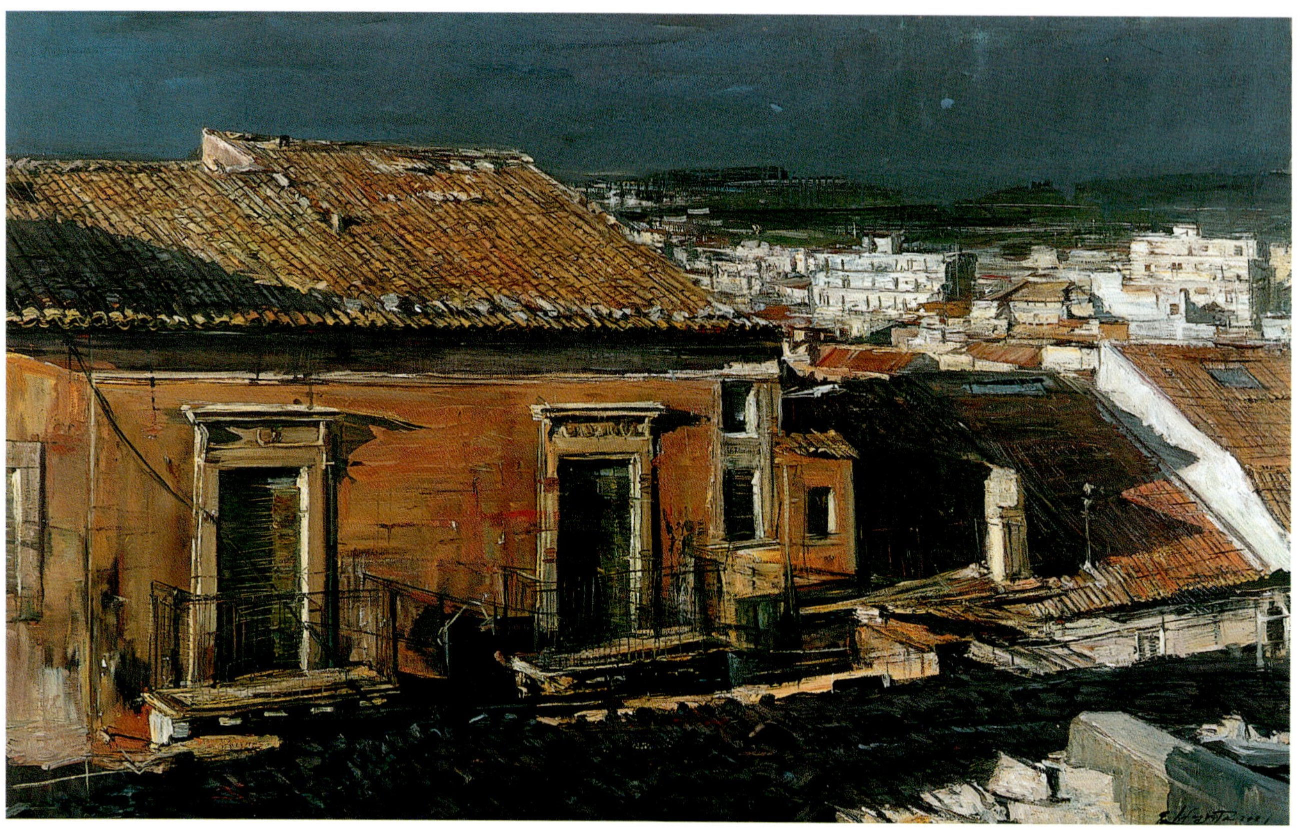

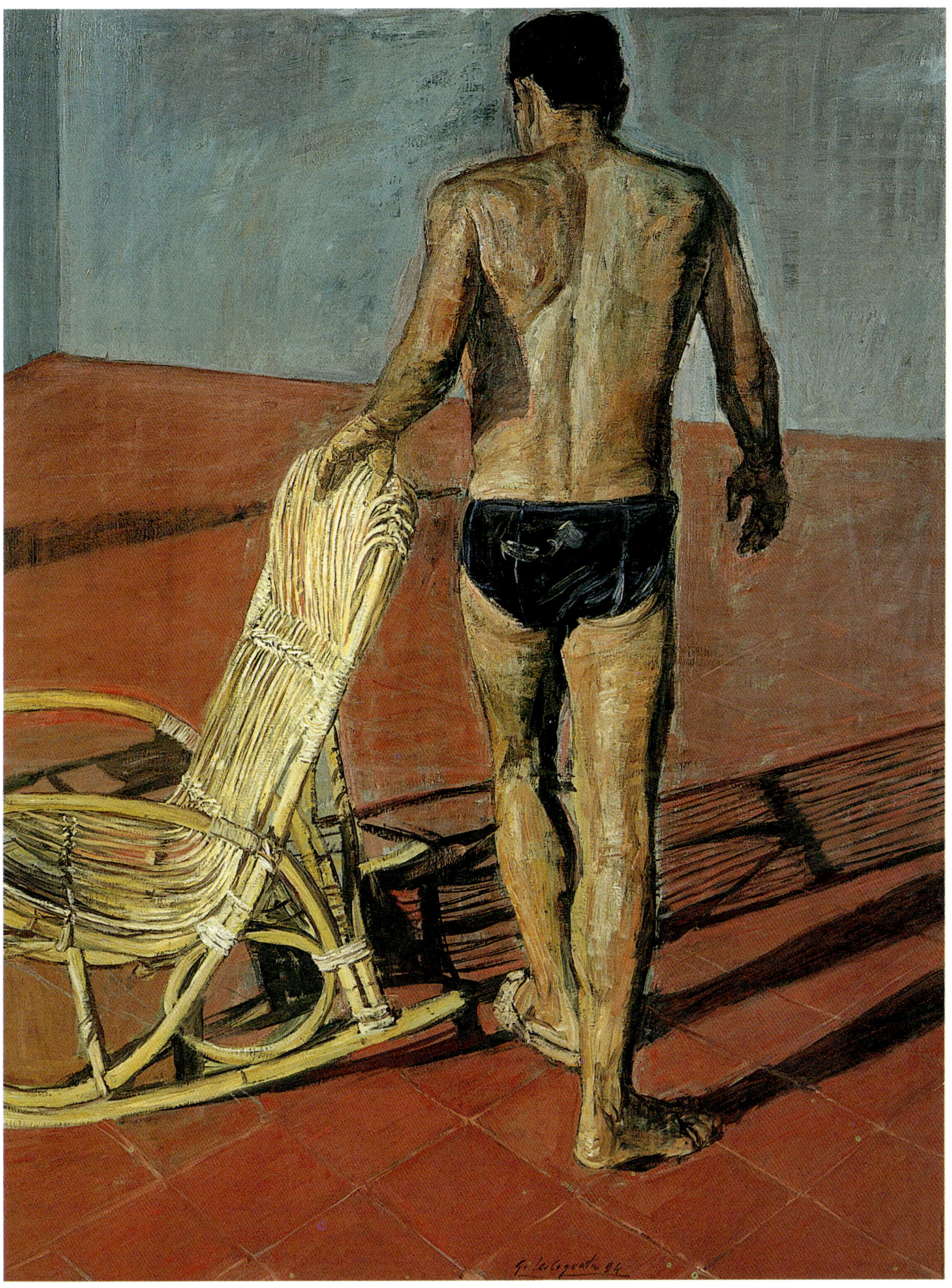

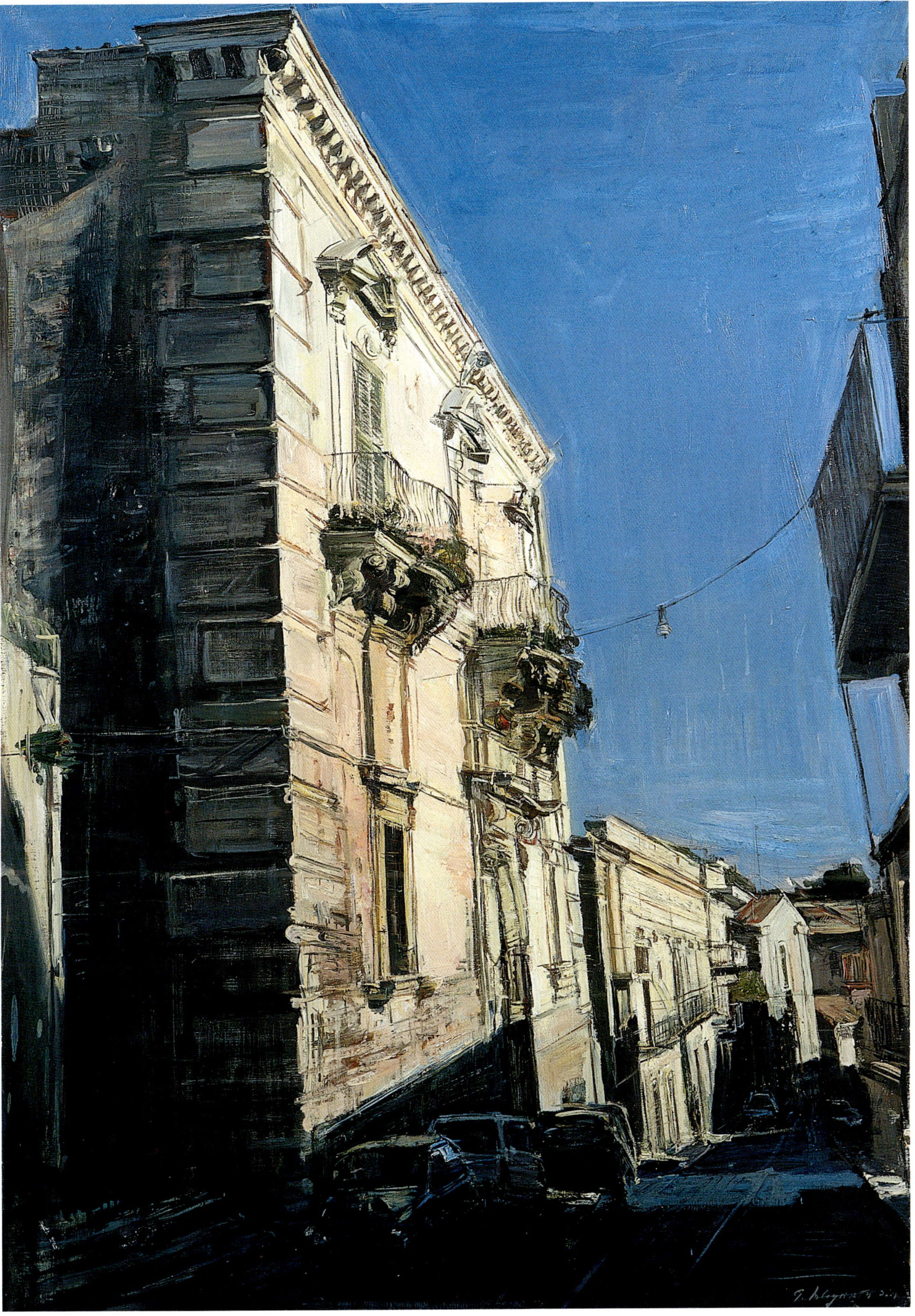

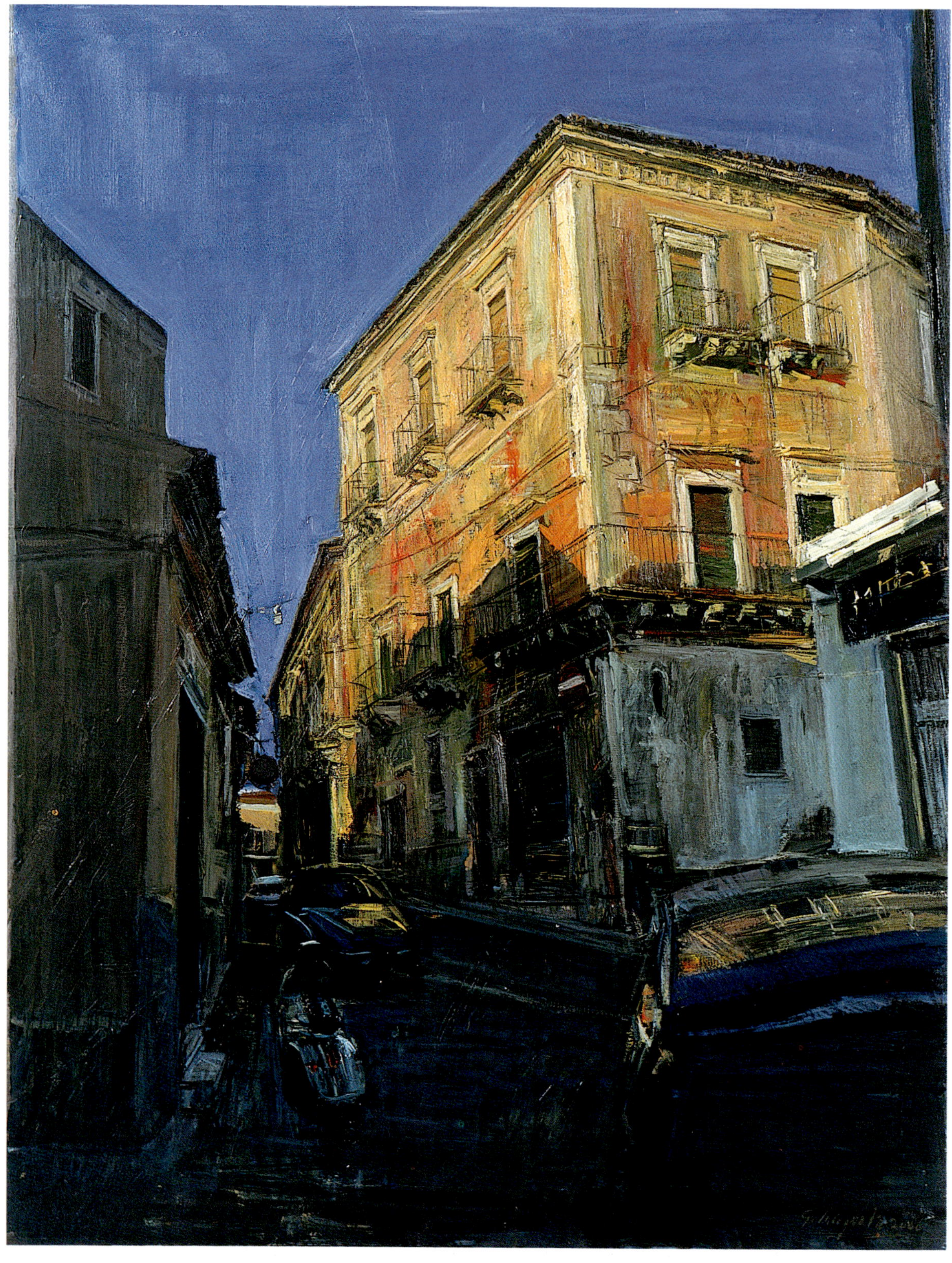

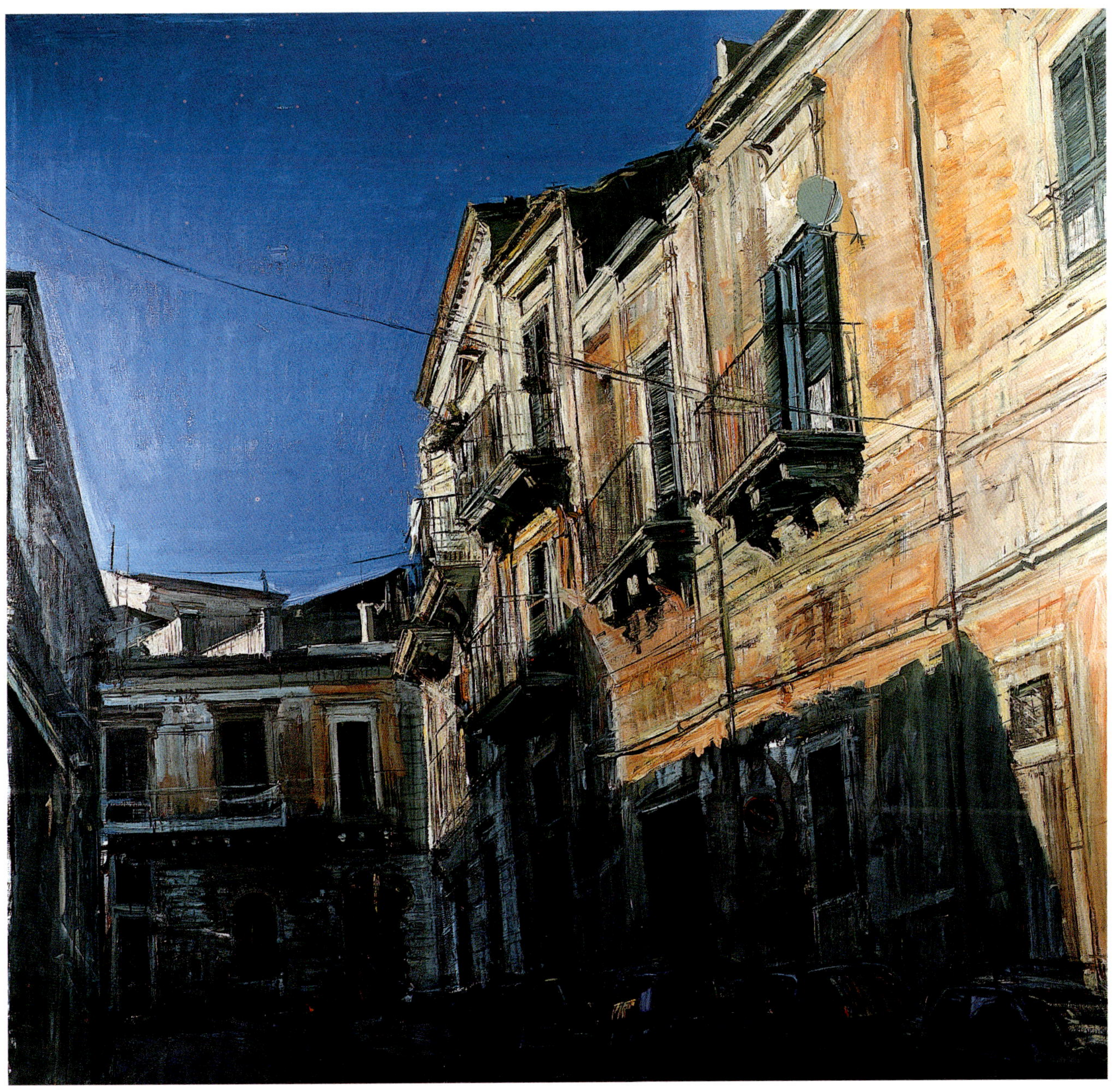

Apparati/Appendix

Figura, 1995
olio su tela/oil on canvas
cm 140 x 110
p. 67

Figura notturna, 1996
olio su tela/oil on canvas
cm 90 x 80
p. 59

Paesaggio, 1997
olio su tela/oil on canvas
cm 80 x 90
p. 48

Strade di Comiso dopo la pioggia,
1999
olio su tela/oil on canvas
cm 100 x 90
p. 63

Periferia di Comiso, 2000
olio su tela/oil on canvas
cm 100 x 200
p. 40

Strada di Comiso, 2000
olio su tela/oil on canvas
cm 140 x 110
p. 70

Ricordo di Palermo, 2000
olio su tela/oil on canvas
cm 110 x 150
p. 46

Modica, 2000
olio su tela/oil on canvas
cm 160 x 120
p. 47

Luce di agosto, 2000
olio su tela/oil on canvas
cm 100 x 140
p. 51

Comiso, 2000
olio su tela/oil on canvas
cm 120 x 100
p. 43

Comiso, 2000
olio su tela/oil on canvas
cm 200 x 190
p. 71

Comiso di domenica, 2000
olio su tela/oil on canvas
cm 180 x 160
p. 53

Comiso di domenica, 2001
olio su tela/oil on canvas
cm 150 x 130
p. 41

Palazzo di Comiso al tramonto,
2001
olio su tela/oil on canvas
cm 210 x 170
p. 55

Viso, 2001
olio su tela/oil on canvas
cm 57 x 52
p. 58

Comiso, 2001
olio su tela/oil on canvas
cm 80 x 90
p. 42

Paesaggio, 2001
olio su tela/oil on canvas
cm 100 x 140
p. 64

Comiso, 2001
olio su tela/oil on canvas
cm 110 x 160
p. 56

Comiso, 2001
olio su tela/oil on canvas
cm 140 x 100
p. 57

Comiso, 2001
olio su tela/oil on canvas
cm 140 x 120
p. 60

Comiso, 2001
olio su tela/oil on canvas
cm 110 x 150
p. 61

Comiso, 2001
olio su tela/oil on canvas
cm 120 x 100
p. 45

Cattedrale, 2001
olio su tela/oil on canvas
cm 110 x 50
p. 65

Comiso, 2001
olio su tela/oil on canvas
cm 210 x 165
p. 49

Palazzi prima del tramonto, 2001
olio su tela/oil on canvas
cm 130 x 100
p. 39

Comiso, 2001
olio su tela/oil on canvas
cm 100 x 160
p. 66

Modica, 2001
olio su tela/oil on canvas
cm 100 x 140
p. 52

Case di Palermo, 2001
olio su tela/oil on canvas
cm 180 x 150
p. 69

Giovanni La Cognata nasce a Comiso (Ragusa) il 27 luglio del 1954.
Dopo gli studi all'Istituto d'Arte della città, si dedica alla pittura. Del 1978 è la prima esposizione collettiva, di due anni dopo la prima mostra personale. All'inizio il suo lavoro è dedicato al ritratto, ma presto rivolgerà la sua attenzione al paesaggio che sarà, insieme ai dipinti figurativi, fondamentale nella sua crescita poetica e stilistica. Importante per la sua formazione, la decisione nei primi anni Ottanta, di trasferirsi e Milano dove troverà maggiori contatti e opportunità nel far conoscere il suo lavoro ai critici ed alle Gallerie. Nel 1985 è presentato dalla Galleria Cafiso di Milano all'Arte Fiera di Bologna, nel 1988 espone a Milano alla Galleria delle Ore ed alla Galleria Cafiso, nel 1989 partecipa a varie mostre collettive tra cui quella alla Galleria Mara Coccia di Roma e alla Galleria la Polena di Genova.

Dopo circa dieci anni d'attività a Milano, si accorge che la grande fonte d'ispirazione dei suoi dipinti è la forza inesauribile dell'attrazione alla sua terra, decide così di ritornare nella sua Sicilia, e rivivere "dal vero" le grandi emozioni della luce mediterranea, sarà la svolta, le sue tele vibreranno di nuovi cromatismi, rendendo gli azzurri dei cieli abbaglianti, infiammando i gialli dei campi d'estate, vivacizzando i verdi di primavera. Per un decennio, i dipinti di Giovanni La Cognata rispecchieranno il mutare delle stagioni gli intensi colori dei paesaggi della Sicilia dove la luce e le lunghe ombre del silenzio e della solitudine sono naturali. Realizzerà in questi anni anche una serie di magnifici dipinti figurativi, dove la ricerca della luce è unita alla grande liberazione di energia che viene dall'espressione dei suoi "ritratti".

Lo Studio Nuova Figurazione di Ragusa presenta nei primi anni Novanta in alcune personali questi suoi nuovi lavori. Nel gennaio 1994 Marco Goldin organizza a Palazzo Sarcinelli la prima mostra antologica dove vengono esposte opere dal 1981 al 1993. È dello stesso anno la sua partecipazione alla grande mostra itinerante *Venti pittori in Italia*. Nel 1996 una mostra personale alla Galleria Forni di Bologna. Tra la fine del 1996 e la metà del 1997 partecipa alla mostra *Pittura: il sentimento e la forma. Artisti italiani degli anni Cinquanta e Sessanta* a cura di Marco Goldin alla Casa dei Carraresi di Treviso e al Castello Ursino di Catania. Nel 1997, fra le altre, una personale alla Galleria 61 di Palermo ed alla Palmieri di Busto Arsizio.

Una nuova svolta nel 1999 con la rappresentazione del "paesaggio urbano" dove i palazzi barocchi della sua Comiso e le strette vie diventano pretesto per esaltare ancora la luce e le ombre che deformano ed enfatizzano questa realtà antica.

Nel 1999 espone alla mostra collettiva *Opere insieme '99*, allestita a Palazzo Mormino di Donnafugata. Del 2000 le prime comparse all'estero, con una mostra alla Albemarle Gallery di Londra ed alla Galerie Prom di Monaco di Baviera.

Vive con la moglie Irene e la figlia Giulia a Comiso.

Giovanni La Cognata was born in Comiso (Ragusa) on the 27th of July, 1954.

After studying at the town's Art College, he devoted himself to painting. In 1978 he took part in his first group show, and two years later he held his first one-man exhibition. Initially his work was dedicated to portraiture, but soon he turned his attention to landscape, which would become, along with his "life paintings," fundamental to his poetic and stylistic growth. In the early Eighties he made the important decision to move to Milan, where he found more contacts and opportunities to introduce his work to critics and Galleries. In 1985 he was presented by the Galeria Cafiso of Milan at the Art Fair in Bologna. In 1988 he exhibited in Milan at the Galleria delle Ore and at the Galleria Cafiso. In 1989 he took part in various group exhibitions at the Galleria Mara Coccia in Rome, and the Galleria la Polena in Genoa, among others.

After about ten years of activity in Milan, he realised that the great source of inspiration for his paintings was the inexhaustible pull of his home land, and so he decided to return to Sicily to "authentically" relive the strong emotions provoked by the Mediterranean light. This was to be the turning point. His canvases vibrated with new colours, so that the blue of the skies were blinding, the yellow of the fields in summer were inflamed, and the green of spring invigorated. For a decade Giovanni La Cognata's paintings mirrored the changing seasons and the deep colours of the Sicilian landscape, where the light and the long shadows of silence and solitude are natural. In those years he also did a series of magnificent "life paintings," in which the search for light is joined with the huge release of energy so typical of his "portraits".

The Studio Nuova Figurazione of Ragusa presented these new works of his with some one-man exhibitions in the early '90s. In January 1994 at Palazzo Sarcinelli, Marco Goldin organised the first anthological exhibition in which works from 1981 to 1993 were shown. In that same year, he took part in the travelling exhibition "Venti pittori in Italia". In 1996 he had a one-man exhibition at the Galleria Forni in Bologna. Between the end of 1996 and the middle of 1997, he took part in the exhibition "Pittura: il sentimento e la forma. Artisti italiani degli anni Cinquanta e Sessanta," organised by Marco Goldin at the Casa dei Carraresi in Treviso, and at the Castello Ursino in Catania. In 1997 he had two one-man exhibitions at the Galleria 61 in Palermo, and at the Galleria Palmieri in Busto Arsizio, among others.

A new turning point came about in 1999, with his representation of the "urban landscape," in which the Baroque buildings and the narrow streets of his birthplace, Comiso, became a pretext to further extol the light and shade that deform and glorify this ancient place.

In 1999 he exhibited in the group exhibition "Opere insieme '99" held at the Palazzo Mormino in Donnalucata. In 2000 he made his first appearances abroad with an exhibition at the Albermarle Gallery in London, and at the Prom Gallery in Munich.

He lives with his wife Irene and daughter Giulia in Comiso.

**Mostre personali
Solo Exhibitions**

1980
Centro servizi culturali, Comiso

1981
Studio Nuova Figurazione, Ragusa

1991
Studio Nuova Figurazione, Ragusa

1992
Galleria Grimaldi, Modica

1993
Studio Nuova Figurazione, Ragusa

1994
Opere 1981-1993, Museo di
Conegliano, Treviso
Galleria Davico, Torino
Studio Nuova Figurazione,
Ragusa
Galleria Iannone, Milano

1996
Galleria Forni, Bologna
Galleria Il Quadrifoglio, Siracusa

1997
Galleria Il Tempietto, Brindisi
Galleria Palmieri, Busto Arsizio
Galleria 61, Palermo

1998
Galleria Forni, Bologna

1999
Galleria Forni, Milano
Galleria Il Leudo, Genova

2000
Galerie Prom, München

2001
Opere 1994-2001, Galleria Bottega
d'Arte, Acqui Terme
Sicilia, Galleria Forni, Milano

**Mostre collettive
Group Exhibitions**

1978
Premio Giovani Pittori Comisani,
Centro servizi culturali, Comiso

1982
Galleria Il Gabbiano, Ragusa

1985
Arte Fiera Bologna: Galleria Cafiso,
Milano

1986
Galleria Cafiso, Milano

1987
Arte Fiera Milano: Galleria Cafiso,
Milano

1988
Palazzo Trivulzio, Melzo
Galleria delle Ore, Milano
Galleria Cafiso, Milano

1989
Studio F22, Palazzolo sull'Oglio
Palazzo Litta, Lainate
Studio Marconi, Milano
Galleria Mara Coccia, Roma
Galleria la Polena, Genova

1990
Galleria Cafiso, Milano
Arte Fiera Roma: Galleria Cafiso,
Milano

1991
Studio Nuova Figurazione, Ragusa

1992
Galleria Cafiso, Milano

1993
Galleria Bellinzona, Lecco

1994
Venti pittori in Italia, mostra

itinerante a cura di/travelling
exhibition curated by Marco Goldin
*Mediterranea, aspetti dell'arte in
Sicilia*, ex Convento di San
Francesco, Sciacca

1995
Chicago Art Fair, Chicago
Continuità del talento, Galleria
Forni, Bologna
Arte Fiera Bologna: Galleria Forni,
Bologna
Premio Suzzara, Suzzara
Galleria Bottega d'Arte, Acqui Terme
Studio Nuova Figurazione, Ragusa

1996
Arte Fiera Bologna: Galleria Forni,
Bologna
Die Kraft der Bilder, Martin-Gropious
Bau, Berlin

1996-1997
*Pittura: il sentimento e la forma. Artisti Italiani degli anni Cinquanta e
Sessanta*, mostra itinerante a cura di/
travelling exhibition curated by
Marco Goldin, Casa dei Carraresi,
Treviso; Castello Ursino, Catania
Galleria degli Archi, Comiso
Foyer del Teatro Comunale, Comiso
Chiesa di San Francesco, Comiso

1997
Arte Fiera Bologna: Galleria Forni,
Bologna
Arte Fiera Milano: Galleria Forni,
Milano
Dieci artisti in galleria, Galleria il
Quadrifoglio, Siracusa

1998
Shangai Art Fair, Shangai
Continuità dell'immagine, a cura di/
curated by Galleria Forni, Bologna,
Mole Vanvitelliana, Ancona
*Palazzo Sarcinelli 1988-1998. Una
donazione per un nuovo museo*, a
cura di/curated by Marco Goldin,

Museo di Conegliano, Treviso
*Pittori del tempo, Barone, Frangi, La
Cognata, Velasco*, Galleria degli
Archi, Comiso

1999
Arte Fiera Bologna: Galleria Forni,
Bologna
MiArt Fiera d'Arte, Milano: Galleria
Forni, Milano
Emergenti, Galleria Forni, Bologna
Collettiva di Natale, Galleria
Bottega d'Arte, Acqui Terme
Opere insieme '99, Palazzo Mormino,
Donnafugata

2000
ArtAncona, Ancona: Galleria Forni,
Bologna
Albemarle Gallery, London
Arte Fiera Bologna: Galleria Forni,
Bologna
MiArt Fiera d'Arte, Milano: Galleria
Forni, Milano
Viaggio negli Iblei, a cura di/curated
by Marco Vallora, Galleria Bottega
d'Arte, Acqui Terme
Collettiva di Natale, Galleria
Bottega d'Arte, Acqui Terme

2001
Arte Fiera Bologna: Galleria Forni,
Bologna
St'art, Strasbourg
Galleria Forni, Bologna
MiArt Fiera d'Arte, Milano: Galleria
Forni, Milano
In medias res, Galleria Forni, Milano
Artexpo, Barcelona: Galleria Forni,
Bologna
Sicilia, Galleria Forni, Milano

Finito di stampare nel settembre 2001
da Tipografia Rumor Spa, Vicenza
per conto di Edizioni Charta
su carta Gardamatt Art delle Cartiere del Garda